图解

缠论

形态学

宋拥军————著

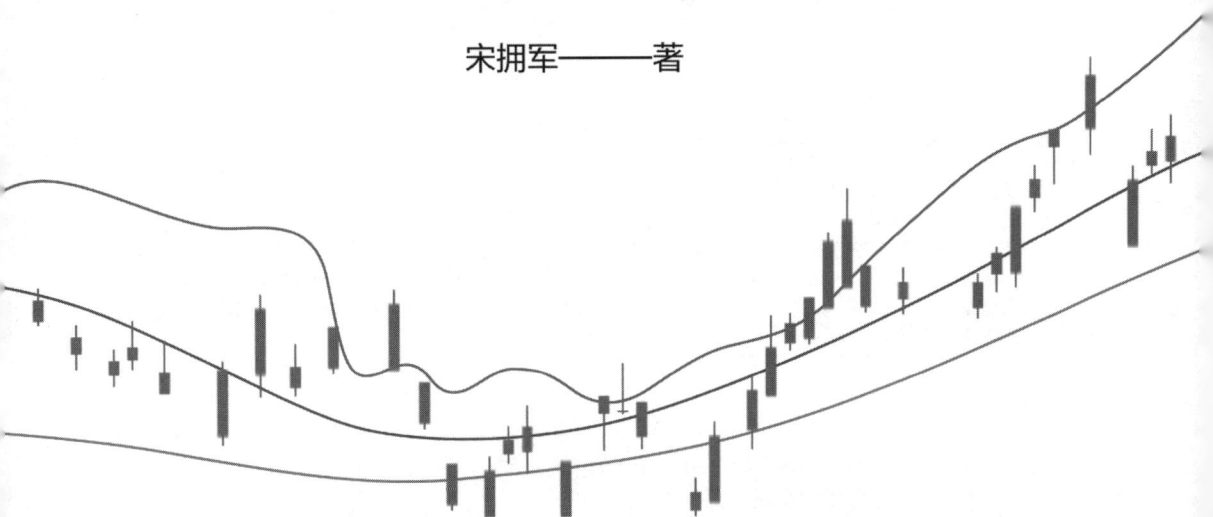

中国铁道出版社有限公司

CHINA RAILWAY PUBLISHING HOUSE CO., LTD.

内 容 简 介

　　本书旨在引领读者从形态学入手系统学习缠论，在短时间内了解缠论内容全貌，领略缠论精髓。本书以分章的形式系统介绍形态学的核心内容，逐章对分型、笔、线段、走势中枢进行详细讲解。用较大的篇幅讲解形态学的实战应用，内容涵盖背驰、三类买卖点及缠论操盘术。

　　希望投资者由形态学入手，便捷高效地学习缠论技术理论，感受缠论的魅力所在，通过学缠悟禅的过程，建立自己的投资系统，修炼自己的投资心法。

图书在版编目（CIP）数据

图解缠论形态学/宋拥军著.—北京：中国铁道
出版社有限公司，2021.10
　ISBN 978-7-113-28299-8

　Ⅰ.①图… Ⅱ.①宋… Ⅲ.①股票投资–图解 Ⅳ.
①F830.91-64

　中国版本图书馆CIP数据核字(2021)第167696号

书　　　名：**图解缠论形态学**
　　　　　　TUJIE CHANLUN XINGTAIXUE
作　　　者：宋拥军

责任编辑：张亚慧　　编辑部电话：（010）51873035　　邮箱：lampard@vip.163.com
编辑助理：张秀文
封面设计：宿　萌
责任校对：苗　丹
责任印制：赵星辰

出版发行：中国铁道出版社有限公司（100054，北京市西城区右安门西街8号）
印　　刷：北京铭成印刷有限公司
版　　次：2021年10月第1版　2021年10月第1次印刷
开　　本：700 mm×1 000 mm 1/16　印张：12.25　字数：172千
书　　号：ISBN 978-7-113-28299-8
定　　价：59.00元

形态学之奥妙

缠论的创始人缠中说禅堪称"当代奇人"，从 2002 年至 2008 年，他在网络上发表过约 1 848 篇作品，内容丰富，涵盖时政经济、文史哲学、宗教文化、音乐艺术、数理科技等各个领域，思想之渊博，令人叹为观止。

缠中说禅的《教你炒股票 108 课》系列文章，传播广泛，影响面极大，形成了自成体系的股票交易理论——缠论。缠论贯穿了佛家语言、佛家思想。博主以宁静的心，平淡无争的思想，回归本真、参透人生。

大部分人在学习缠论的过程中，有很大的障碍和困惑，因为《教你炒股票 108 课》内容庞杂，发散性很大，很多表述相当抽象，需要有很强的逻辑和抽象思维才能真正理解其想要表达的内容。

尽管缠论内容庞杂，但是抽丝剥茧还是能够梳理出缠论的逻辑体系，并从中找到一个高效、快捷的学习路径。

经过梳理和分类，可以将缠论的内容归纳为两大块：形态学和动力学。其中形态学是缠论的基础内容，也是根本内容，内容涵盖分型、笔、线段、最小级别中枢、各级别中枢、走势类型等内容。动力学主要包括背驰、三类买卖点等，背驰可以说是动力学的基本点之一。

博主曾建议：学习缠论一定先从形态学入手，仅仅学好形态学，就足以构建一套有效的操作体系，不想学习动力学内容或者看不懂动力学的内容，仅仅学习形态学就足够用了。当然，如果形态学和动力学同时学习，共同使用，效果一定会更好。

想要理解形态学之奥妙，学会缠中说禅的内容，就要从两个方面入手，一是学会缠论的理论知识和技术；二是领悟博主的思想。

学习缠论并不是一蹴而就的事情，缠论本身深奥、难懂，想要短时间内入门，难度是很高的，想要应用在实战中，就更加不容易。

学习缠论比较有效的方式就是边学边画。根据理论模拟画出各种形态图，在勾勾画画中，勾勒出各种形态，边看形态边对照着学习，这样更容易系统掌握缠论中的各种概念、定义。

为了便于读者学习，书中穿插了大量的形态图，如分型的形态、线段的形态、笔的形态、走势中枢的形态、背驰的形态等，能够直观形象地展示缠论内容，帮助投资者更快捷地研读缠论。

博主在其文章中曾给出学习缠论最基础的路线，即分型→笔→线段→中枢→走势类型→背驰等。根据这个学习线路，逐级掌握定义，才能更好地举一反三，触类旁通，更有针对性地用缠论指导实践。本书也是按照这个学习线路，对全稿内容进行统筹布局，从第 3 章开始，读者可按照这个学习线路逐章阅读本书内容。

只有实践、盈利，才是我们最终的目的。希望投资者由形态学入手，便捷高效地学习缠论技术理论，感受缠论的魅力所在，缠，即禅；学缠，即学禅；学禅，即悟禅，通过学缠悟禅的过程，建立自己的投资系统，修炼自己的投资心法。

在此也提醒各位读者，股市有风险，投资须谨慎！

作　者

2021年8月

| 目　录 |

第一篇

价值投资之道——入门训练营

第1章

缠中说禅的传奇——缠论的起源

博主于1990年年初开始参与资本市场。在此期间不断探索市场、挖掘市场、修炼心性、洞察人性、收益无数。

缠论像一种武功，只单纯地学习技法，很容易纸上谈兵，但一味好高骛远，不研究理论，缺少指导，也很容易成为空中楼阁，没有根基。因此，在学习缠论的过程中，要理论与实践并行，以期获得最大的收益。

1.1　缠中说禅与缠论的由来

缠论的起源要从一个博客说起, 博客的名字叫"缠中说禅"。

根据缠中说禅博客文章中的自述, 他于1990年年初开始参与资本市场。在此期间, 不断探索市场、挖掘市场、修炼心性、洞察人性, 用综合技术遨游股市, 以零成本投入市场, 最终赚得数亿身家。

更令人叹为观止的是, 他曾经准确推断出上证指数将于2005年年中见到历史大底, 随后会出现一轮波澜壮阔的大牛市。于是, 他选择在空仓4年后重新开始介入股票市场的操作中。

2007年10月, 上证指数进入历史高点, 一度达到6 124点的高位, 在这之后不久, 他利用自己独创的理论体系, 判断股市已经见顶, 精准预言了由2007年美国次贷危机将会引发并扩散到全球的金融危机, 并断言该危机的级别堪比1929年的世界金融危机。

如图1-1所示, 2008年10月10日, 这是作者在这个博客中发表的最后一篇博文, 此后停更, 再未更新。从阅读量和评论来看, 关注他的人非常多, 换句话说, 很多人对缠中说禅的理论关注度和认可度还是非常高的。

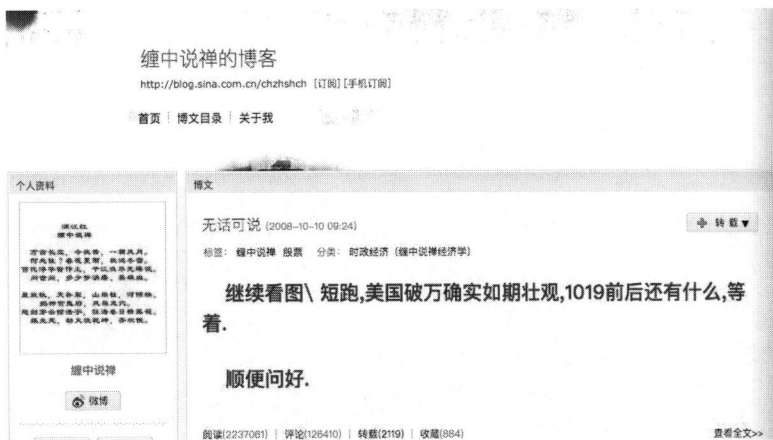

图1-1　缠中说禅新浪博客

缠中说禅身份成谜。有人说缠中说禅为原忆安科技操盘手李彪,李彪成名于1999年,是当年亿安科技的首席操盘手。因为缠中说禅表达过自己想要办一个刊物的想法。不久,青岛木子创业投资公司参与创办了《基金分析》和《新财经》栏目,而李彪正是青岛木子创业投资公司的董事长。

但更多的人猜测缠中说禅是《基金分析》专栏作家木子。《基金分析》栏目推出后,高级顾问木子常在"木子视点"中写专栏,其文章约有30篇。这些文章大多来源于缠中说禅博客,只是个别文字做了修改。

2008年10月缠中说禅去世后,《基金分析》于2008年11月7日发表了悼念木子的文章,有人据此认为缠中说禅就是木子。

缠中说禅的身份众说纷纭,至今没有定论,博主谜一般的身份并未妨碍缠论的传播,缠论在相当长的时间内,被网民广泛传播,学习研究缠论的人数呈倍数级增长。

缠中说禅常常活跃在网络上。从2002年至2008年,缠中说禅以不同的网名,在天涯社区、强国论坛和新浪博客共发表网络作品1 848篇。

如图1-2所示,可以看出博主的作品涉及宗教文化、诗词曲赋、历史哲学、音乐艺术、时政经济、数理科技、白话杂文、流行娱乐等领域。不难看出,他涉猎极广,不仅是股票市场。

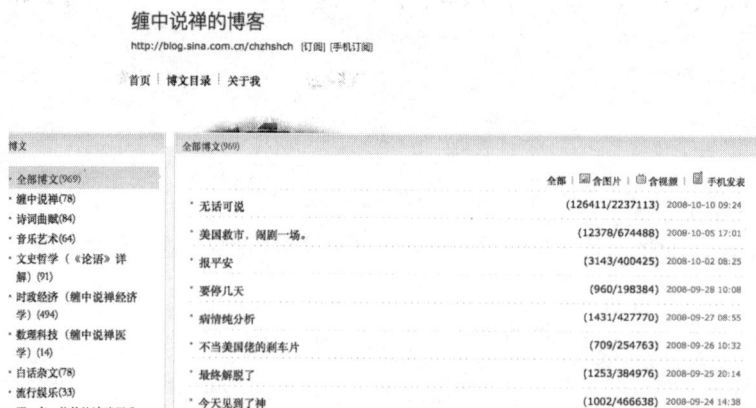

图1-2 缠中说禅的作品领域

但是在其众多的博客文章中,"教你炒股票"系列文章产生的反响最大,获得了众多的点击量和回复量。而"教你炒股票"系列文章在新浪博客陆续发布之后,数万人在网络上掀起了学习和研究的热潮。

"教你炒股票"这一系列文章被网友自发奉为股市经典,而缠中说禅被无数"缠粉"奉为"博主",他创立的股票交易理论被称为"缠论"。

这就是缠论及博主的由来。缠中说禅是当代传奇人物,他的一生虽短暂,却带有浓厚的神秘色彩。多年以来,提到缠中说禅,更多人想到的是他在股市里的成就及他留下的缠论。

广大读者虽对于缠中说禅的真实身份众说纷纭,但对于缠论的深入研习却有增无减。

1.2 缠中说禅之教你炒股108课

博主在ID名为缠中说禅的新浪博客中发表"教你炒股票",从2006年6月7日开始,在博客中发表"教你炒股票"系列文章,共计108篇,被称为缠论。

如图1-3所示,为其博客中的数篇文章标题。"教你炒股票"系列文章是依据市场最基本的确定性"任何走势都会结束"的观点,并把它作为基础,从几何的角度对走势的结构逐步推导,对市场的各种走势做出科学的完美分类,从而指导实际操作。

教你炒股票25: 吻, MACD、背弛、中…	(615/419067)	2007-01-23 15:13
教你炒股票24: MACD对背弛的辅助判…	(767/430764)	2007-01-18 15:02
教你炒股票23: 市场与人生	(646/306932)	2007-01-15 15:50
教你炒股票22: 将8亿的大米装到5个…	(583/292929)	2007-01-11 15:10
教你炒股票21: 缠中说禅买卖点分析	(788/449181)	2007-01-09 15:03
教你炒股票20: 缠中说禅走势中枢级…	(749/611221)	2007-01-05 15:23
休博5天公告	(348/53336)	2006-12-29 15:05
教你炒股票19: 学习缠中说禅技术分…	(679/485195)	2006-12-27 15:18
教你炒股票18: 不被面首的雄男是不…	(780/492449)	2006-12-26 15:03
关于抛弃仓位两天的公告	(361/65848)	2006-12-19 21:45
教你炒股票17: 走势终完美	(1352/711575)	2006-12-18 11:32
教你炒股票16: 中小资金的高效买卖	(915/650608)	2006-12-14 12:06

图1-3 缠中说禅"教你炒股票"系列文章标题

缠论是目前唯一能用数学手段进行证明的交易理论，没有故弄玄虚的技法，而是实实在在的操作理论。

不仅如此，"教你炒股票"这一系列文章所形成的理论，是一种其他股票分析方法之外的理论体系，并逐渐成为"缠论"。理论当中不仅用逻辑、定义、推导等方式将股票的走势进行分解，而且将看似杂乱无章、毫无规律的股票走势整理成为一套颇具实用性的技术理论，具有实操指导作用。

完整的缠论包括形态学与动力学两个部分，二者互为承接和补充。形态学，即分型、线段、笔、走势中枢、走势类型之类的内容；动力学，即任何涉及背驰、走势中枢、走势的能量结构之类的内容。

缠论的形成意义有很多，总结起来有以下两点：

其一，缠论是对某只或者某几只股票，进行"敲骨吸髓"式的操作，是建立在各层次级别、匹配不同资金量的立体式操作模型，它将使交易风险随着时间的推移而不断降低。

其二，通过缠论本身的理论推导，也可以建立起多种固定级别的获利模型，不过其风险是无法避免的，突然的转折在任何时候都是操作系统里的最大风险。

缠论的原文最初是发表在新浪博客上，没有经过完整的编排，博主写得比较随意，所以一般想到哪写到哪，想到什么写什么，但这并不影响缠论整体的科学性，因为博主尤其强调缠论的整体性和实践性，整体性就是"教你炒股票"一系列文章是系统的、全局的，是博主站在系统全局的角度去写的。实践性就是在"教你炒股票"一系列文章中博主列举了具体的股票事例，并针对不同网友的提问进行了实质性的指导建议，而众多网友在对理论的深刻理解上，也往往都建立在实践的基础上。

1.3　缠论的传播与学习

缠中说禅在博客中不断地发表各种文章，但是在2008年4月22日一篇名为《本ID的癌症在下午得到最权威的医学确认》一文中，透露了他患有癌症的消息，并于2008年10月10日，缠中说禅发表最后一篇博文后突然停止更新博客内容，此后一直未有更新，如图1-4所示。

图1-4　博主的医疗确认

传其因患鼻咽癌于2008年10月31日去世。

博主在新浪博客中留下了数千篇珍贵的文章。至今，博主虽已经逝去多年，但关于其缠论的知识，反而随着时间的推移变得越来越热，缠论之所以能成为股市热门，究其原因，有以下两点。

第一，缠论自发展以来自然有其独到和科学之处，博主白手起家，用借得的钱投资股市，最终赚取数亿身家，并通过总结这些经验建立起一套自己的理论。可以说，缠论得到了时间的验证，而一个操盘手能够身家数亿，所凭借的正是缠论技术，一套真真切切的理论技术。

之后，博主又通过博客免费讲授了自己的炒股技术，并且不厌其烦地一一讲解，指导股民投资。博主去世之后，很多股民也通过对缠论的研究与应用，印证了缠论的合理性与可行性，这是通过时间让市场的实践予以证明的结果。

第二，股票理论有很多，如K线理论、江恩理论、道氏理论、波浪理论等，这些理论大多是建立在对股市走势的分析与总结上，而缠论不同，它是建立在数学的思维上，从本质上而言，是一套数学理论，这是缠论的独到之处。同时缠论作为中国本土化的交易理论，很容易大范围地以各种形式传播，更容易被股民吸收学习。

在学习"教你炒股票"系列文章时，很多投资者采用了以下的方式，逐步进行缠论的学习。

先将《教你炒股票108课》的内容通读一遍，这一期间不提任何问题，不做任何学习笔记。

认真学习《教你炒股票108课》的文章，这一期间开始提出问题，做详细的学习笔记。因为缠论中有些文字确实晦涩难懂，需要反复把各种定义、定理、原理等全部摘抄下来，进行理解，并跳过不明白的知识。

针对前面学习中遗留下来的问题，进行再次学习，也就是再次把问题中的各种定义、定理、原理等全部摘抄下来，反复研读。

对《教你炒股票108课》的文章进行精读和精画。所谓精读，就是把每一课的内容完全理解，同时重新记笔记，直到彻底看懂；所谓精画，就是要把课文里能够用画图来表达的段落，都自己亲手画出来。

再次对《教你炒股票108课》的文章进行研究，这一遍主要是解决之前存在的全部问题，并且能画出整个缠论的框架。

对于那些资质较深，学习能力、理解能力较强的投资者或许可以通过自学的方式进行学习，但是难免会遇到种种问题，不是概念的混淆，就是不理解走势图，再就是因为原文语句凌乱和晦涩。

所以，投资者还是要借助相关的书籍，接受系统的理论指导和实践性质的指导，方可理解缠中说禅"教你炒股票"一系列文章。这样不仅仅能够画出整个缠论的框架大纲，还能够根据自己的交易时间、资金量、反应速度、性格等因素，建立起自己的交易系统，最终达到学以致用的目的。

博主修禅养性，其整篇文章中贯穿着"禅学"思想，"禅学"之精髓，博主本人也以禅破缠，超凡脱俗、平静自然。

解读缠中说禅"教你炒股票"一系列文章时，应该抱着以下的心态和方法进行学习。

学习"缠论"，要"一念生净信"。学习缠论要唯精唯一，这样才能真正地学到技术；若是摇摆不定，也是缺乏定力和慧力的表现。学习缠论后要确定明确的投资交易方法，并根据不同时期的不同市场环境，进行相应的调整。否则，会学而不会用，也是缺乏慧心的。

学习"缠论"，要将基本面和技术面相结合，站在大局势的系统操作视角来整体把握市场趋向，而不是完全利用技术分析的手段。

学习"缠论"，还应遵循循序渐进的方法。形态学作为缠论核心的基础，先学习形态学的理论，如分型、线段，以及走势中枢等，最后学习动力学的核心内容背驰与三类买卖点。

第2章

缠论内容体系全览

完整的缠论包含形态学与动力学两个部分，二者缺一不可。形态学，即分型、线段、笔、走势中枢之类的内容；动力学，即任何涉及背驰的、走势的能量结构之类的内容。

2.1　缠论核心内容：形态学与动力学

形态学和动力学是缠论的两个重要组成部分，其中形态学是缠论的根本，动力学是辅助。学习缠论，既要掌握形态学，又要掌握动力学，两者结合起来，才能发挥缠论真正的威力。

缠中说禅形态学从本质上讲就是几何学，主要包括四个方面：分型、笔、线段、走势中枢，这四部分内容紧密相连，环环相扣。缠中说禅K线系统的操作思路是：通过K线包含处理，找出走势图中的顶底分型，依据顶底分型划分出笔，依据笔划分出线段，依据线段确立走势中枢。再根据走势中枢的情况结合动力学部分的背驰及区间套综合找出各类买卖点，然后依据各类买卖点执行实际交易。这就是缠中说禅技术理论的根本价值所在。

博主曾在"教你炒股票"第72课中提到，本ID的理论本质上分为两部分，一是形态学，二是动力学，当然三就是两者的结合。如果按正式的课程，那么肯定要先讲形态学。但如果不讲动力学，至少背驰是没法讲了，然后中枢震荡也不可能用类似背驰的方法去判别，第一类买卖点也无法讲了。而所有买卖点，归根结底都是第一类买卖点。要把形态学和动力学都讲完，才讲第一类买卖点。

为了能够更清楚地介绍，下面摘取文章中的一些内容，请读者从缠中说禅的原文中再次深入地认识形态学与动力学。

教你炒股票72：本ID已有课程的再梳理

站在纯理论的角度，形态学是最根本的。形态学，从本质上来说就是几何，这部分内容是无须任何前提的。

以前说的本ID理论成立的前提，其实并不是针对形态学部分的，主要是针对动力学部分的。因此，就算一个市场主力买了很多股票，一个人天天自我交易，也永远逃不出形态学画的圈圈。而动力学方面的东西就不同了，必须有本ID要求的那两个前提：价格充分有效市场里的非完全绝对趋同交易。

动力学，是属于物理范畴的，但站在更高的层次上看物理，物理的本质就是几何。当然，这是所有物理学家都不可能认同的，但如果用一些几何结构就可以把所有物理的常量弄清楚，那物理学家不认同是白搭。

同样道理，本ID理论里的动力学部分，本质上也是几何，只是这种几何比较特别，需要把价格充分有效市场里的非完全绝对趋同交易作为前提转化为某些几何结构，然后才能构造出理论的证明来。

所以，本ID理论在整体上依然只是几何，只是需要有"价格充分有效市场里的非完全绝对趋同交易"这一前提。

而且，最终的理论，当然不会涉及那些基本上谁看都会晕的几何结构，而是谁看都能看明白的当下的走势。理论和理论的证明是两回事情。费马猜想谁都看得懂，费马猜想的证明，能全看懂的人不会超过千万分之一。

所谓形态学、动力学，其实很好分辨。任何涉及背驰的，都是动力学的范围，背驰是动力学的基本点之一。另外，中枢、走势的能量结构之类的东西，也属于动力学。而形态学，就是中枢、走势类型、笔、线段之类的东西。

其实，光用形态学，就足以形成一套有效的操作体系。只是在形态学中，由于没有背驰的概念，所以第一买卖点是抓不住了，但第二买卖点是肯定能抓到。单纯用形态学去操作，就是任何对最后一个中枢的回拉后第一个与回拉反向的不创新高或新低的中枢同级别离开，就是买卖段。

但实际上，当然是动力学、形态学一起用更有效。所以，千万别认为以后就只用形态学就足够了。如果那些对背驰、区间套没什么信心的，可以先从形态学着手。况且，形态分析不好，也动不起来。

站在实际应用的角度，关于中枢的递归定义以及与从分型、笔、线段开始的最小级别定义之间的区别之类的东西，也是可以不管的，但这样，逻辑上就容易乱，所以，搞清楚没坏处。如果你实在特别懒，那就从分型学起，这样也可以。

下面，本ID给出一个懒人学习线路图：

分型→笔→线段→最小级别中枢→各级别中枢、走势类型

上面几个概念是形态学中最基本的概念，完全没有办法再简略了，所以无论多懒，如果真想学本ID的理论，那请先把这几个概念搞清楚。

现在我们解读博主的文章，形态学和动力学：形态学就是最根本的，其本质上是几何；动力学属于物理范畴，其本质上也是几何。

如何分辨形态学和动力学？博主也给出了方法：形态学，就是中枢、走势类型、笔、线段之类的东西。即任何涉及背驰的，都是动力学的范围，背驰是动力学的基本点之一。知道了形态学与动力学，也就知道了学习缠论的顺序，即：分型→笔→线段→最小级别中枢→各级别中枢、走势类型。

2.2　形态学核心内容

形态学是缠论的根本内容，内容涵盖分型、笔、线段、最小级别中枢、各级别中枢、走势类型等内容。

光用形态学，就足以形成一套有效的操作体系，学习缠论一定先从形态学入手学习，形态学的内容学不好，便无法用好动力学的理论。

2.2.1　形态学之分型

从形态学的定义可知，分型属于缠中说禅形态学，也是缠中说禅中最为基础的概念。

本节内容介绍缠论中涉及分型的相关知识，具体在"第3章 形态学之分型"中进行更为详细的图文解读，在此处仅做简单的概念解释。

对分型的定义，博主在新浪博客缠中说禅《教你炒股票108课》中给出了具体释义，即第二根K线高点是相邻三根K线高点中最高的，而低点也是相邻三根K线

低点中最高的，叫作顶分型。第二根K线低点是相邻三根K线低点中最低的，而高点也是相邻三根K线高点中最低的，叫作底分型，如图2-1所示。

图2-1　顶分型与底分型

顶分型的最高点叫作该分型的顶，底分型的最低点叫作该分型的底，如图2-2所示。由于顶分型的底和底分型的顶是没有意义的，所以顶分型的顶和底分型的底可以简称为顶和底。

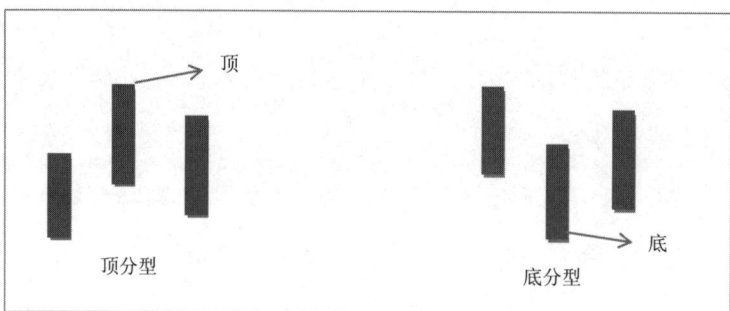

图2-2　顶和底

分型虽然是缠中说禅中最小的单位，但却代表着重要的意义，也是缠论K线系统中一个极为关键的概念，它来源于K线组合的一个完全分类，是一个纯理论性质的推导。

博主在新浪博客"缠中说禅教你炒股票"系列文章中将分型称作"顶分型"和"底分型"。我们来分析博主站在股市的角度对于顶分型与底分型含义的解析。一个顶分型之所以成立，是卖的分力最终战胜了买的分力，而其中，买的分力有三次的努力，而卖的分力有三次的阻击。

用最标准的已经过包含处理的三K线模型：第一根K线的高点，被卖分力阻击后，出现回落，这个回落出现在第一根K线的上影部分或者第二根K线的下影部分，而在第二根K线出现一个更高的高点，但这个高点显然与第一根K线的高点中出现的买的分力，一定在小级别上出现力度背驰，从而至少制造了第二根K线的上影部分。最后，第三根K线会再次继续一次买的分力的攻击，但这个攻击完全被卖的分力击败，从而不能成为一个新高点，在小级别上大致出现一种第二类卖点的走势。

一个分型结构的出现，如同中枢，都是经过一个三次反复的心理较量过程，只是中枢用的是三个次级别。所谓一鼓作气，再而衰，三而竭。所以，一个顶分型就这样出现了。底分型的情况，反过来就是。

2.2.2　形态学之笔

本节介绍缠论形态学关于笔的知识，具体在第4章形态学之笔中再进行图文解说和实战解析。

对笔的定义，博主在新浪博客缠中说禅"教你炒股票"108课中给出了具体释义：两个相邻的顶和底之间构成一笔，所谓笔，就是顶和底之间的其他波动，都可以忽略不计。但注意，一定是相邻的顶和底才构成一笔，隔了几个就不是了。所谓的线段，就是至少由三笔组成。

缠论中还提出了几点需要投资者注意的地方。

笔必须遵守缠中说禅中的结合律，如图2-3所示。如图2-3所示中的前3种形态，顶和底之间必须共用一根K线，这就违反结合律了，所以这不算一笔。而图2-3中的4，就只有顶和底，中间没有其他K线，一般来说，也不算一笔。而图2-3中的5，是一笔的最基本的图形，顶和底之间还有一根K线，是一笔的最基本图形。

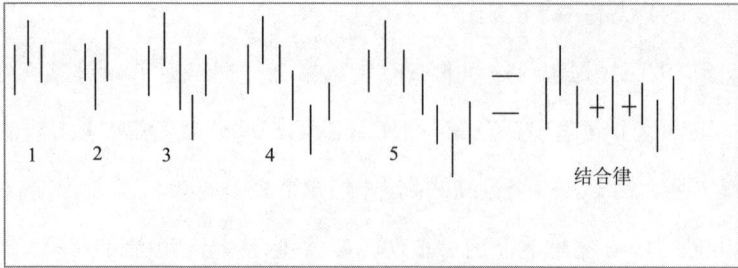

图2-3　缠中说禅中的结合律

在实际分析中，必须要求顶和底之间至少有一根K线，才能当成一笔，笔的标准形态如图2-4所示。

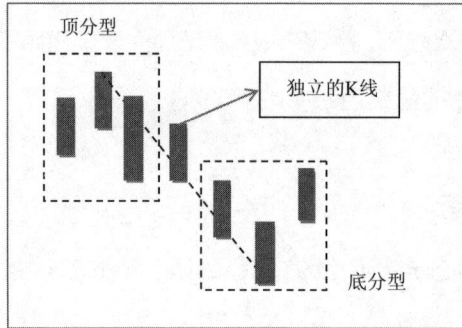

图2-4　笔的标准形态

其实知道了笔的定义和形态，差不多就知道了笔的构成。笔，必须是一顶一底，而且顶和底之间至少有一根K线不属于顶分型与底分型。当然，还有一个最显然的，就是在同一笔中，顶分型中最高那根K线的区间，至少要有一部分高于底分型中最低那根K线的区间，如果这条要求都不能满足，也就是顶都在底的范围内或许顶比底还低，这显然是不可接受的。

也就是说，笔的构成有三个条件：

其一，必须有一个顶和一个底；

其二，顶和底之间至少有一根K线不属于顶分型与底分型；

其三，在同一笔中，顶分型中最高那根K线的区间至少要有一部分高于底分型中最低那根K线的区间。

笔分为两种不同的形态，即上升笔和下降笔。上升笔就是从底分型开始，到顶分型结束的笔，即为上升笔，也就是方向向上的笔。下降笔就是从顶分型开始，到底分型结束的笔，即为下降笔，也就是方向向下的笔。

由结合律可知，上升的一笔，就一定是底分型+上升K线+顶分型；下降的一笔，就是顶分型+下降K线+底分型。注意，这里的上升、下降K线，不一定都是三根，可以是无数根，当然，简单的也可以是一两根，只要不违反结合律的定义就可以。

缠论中关于笔的划分的内容较多，这里不再一一进行列举。希望读者认真阅读，为后文学习笔的理论与运用打好基础。

下面介绍划分笔的唯一性证明。

博主在教你炒股票第77课当中讲到，在确定笔的过程中，必须要满足上面的条件，这样可以唯一确定出笔的划分。这个划分的唯一性很容易证明。假设有两个都满足条件的划分，这两个划分要有所不同，必然是两个划分从第$N-1$笔以前都是相同的，从第N笔开始出现第一个不同。这里的N可以等于1，这样就是从一开始就不同。那么第$N-1$笔结束的位置的分型，显然对于两个划分的性质是一样的，都是顶或底。对于是顶的情况，第N笔其底对于两个划分必然对应不同的底分型，否则这笔对两个划分就是相同的，这显然矛盾。

由于分型的划分是唯一的。因此，这两种不同的划分里在第N笔对应的底分型，在顺序上必然有前后高低之分，而且在这两个底之间不可能还存在一个顶，否则这里就不是一笔了。

也就是说，如果前面的底高于后面的底，那么前面的划分显然是错误的。因为按这种划分，该笔是没有完成的，一个底不经过一个顶后就有一个更低的底，这是最典型的笔没有完成的情况。

如果前面的底不低于后面的底，那么在下面一个顶分型出现前，如果有一个底分型低于前面的底，那么这两种划分都是不正确的，所划分的笔都是没有完成的。下面一个顶分型出现前，如果没有一个底分型低于前面的底，那么下面一个顶分型必然高于前面的底。因此，前面的底和这个顶分型就是新的N+1笔，因此，第N笔和第N+1笔就有了唯一的划分，这与第N笔开始有不同的划分相矛盾。

从上面笔划分的唯一性证明中，缠论也给出了划分笔的步骤。

要确定所有符合标准的分型，如果前后两个分型是同一性质的，对于顶，前面低于后面的，只保留后面的，前面那个可以去掉；对于底，前面的高于后面的，只保留后面的，前面那个可以忽略掉。不满足上面情况的，如相等的，都可以先保留。经过上一步骤的处理后，余下的分型，如果相邻的是顶和底，那么这就可以划为一笔。

根据前文的分析过程，可知笔的划分步骤：如果相邻的性质一样，那么必然有前顶不低于后顶，前底不高于后底。在连续的顶后必须出现新的底，把这些连续的顶中最先一个和这新出现的底连在一起，就是新的一笔，而中间的那些顶都忽略掉。

在连续的底后，必须会出现新的顶，把这些连续的底中最先一个和这新出现的顶连在一起，就是新的一笔，而中间的那些底都忽略掉。

2.2.3　形态学之线段

根据形态学的定义可知，线段属于缠中说禅形态学，线段也是缠中说禅中在笔之后的一个概念。

本部分先介绍缠论形态学关于线段的基础知识，具体在第5章形态学之线段中再进行实战解析。

有了笔以后，就是线段了。对线段的定义，博主在新浪博客《教你炒股票108课》中给出了具体释义，即"有了笔，那么线段就很简单了。线段至少有三笔，也就是说三笔构成线段，线段无非有两种形态，从向上一笔开始的线段和从向下一笔开始的线段。"

由此可知,线段是由笔发展而来的,如图2-5所示。

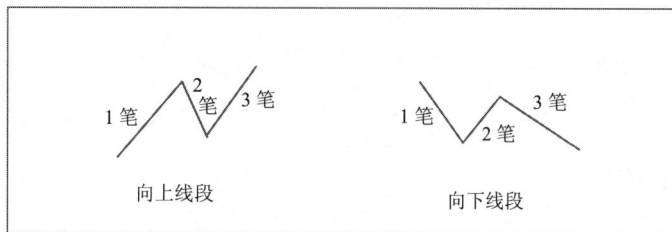

图2-5　线段的基本形态

线段有一个最基本的前提,就是线段的前三笔必须有重叠的部分,这个前提在前面没有特别强调,这里必须特别强调一次。线段至少有三笔,但并不是连续的三笔就一定构成线段,这三笔必须有重叠的部分。

根据线段划分的最基本原则,就是线段必须至少由三笔构成,这是十分显然的。否则,如果一笔都能构成线段,那笔和线段又有什么区别?

至于两笔为什么不能构成线段,理由更简单,因为对于两笔来说,线段的两端分型的性质肯定是一样的,而一个完整线段的两端的分型不可能是同一性质的。也就是说,和笔一样,线段也不可能从一个顶开始结束于一个顶,或者从一个底开始结束于一个底。由此可见,线段中包含笔的数目都是单数。

在线段的破坏中涉及了一些线段划分的知识,这里引用缠中说禅对线段划分的详解进行学习。

在实际股市图中对线段的划分是有一定难度的,具体来说,线段和笔都是有方向的,从顶开始的笔一定结束在底。同样,以向上笔开始的线段一定结束于向上笔,一个线段不可能开始于向上笔而结束于一个向下笔。由于向上笔的开始分型是底分型,而向下笔的结束分型也是底分型,换言之,一个线段不可能是从底到底或从顶到顶。同样,正如同一笔不可能出现顶低于底的情况,同一线段中,两端的一顶一底,顶肯定要高于底。如果你划分出一个不符合基本要求的线段,那么肯定是划分错了。

在线段划分的过程中，是比较容易出现问题的，很多投资者没有很好地理解线段划分的依据，很容易出现投资失误。

由于图形不断延续，因此，除非是新股上市后最开始的一段，否则任何一段都是破坏前一段的，如果你的划分不能保证前面每一段都是被后一段破坏，那么这个划分肯定不对。

线段的破坏是可以逆时间传递的，也就是说，被后线段破坏的线段，一定破坏前线段。如果违反这个原则，那么线段的划分一定有问题。

当然，实际划分中没必要都从上市第一天开始，一般都是从K线图中近期的最高点或最低点开始。

选择好了开始点，就可以进行分段了。如果熟练了，就可以直接分段，分型、笔通过心算就直接可以进行分段。如果不熟练，还是先从分型开始，然后笔，再线段，这样比较稳妥。

线段可以被笔破坏，也可以是被线段破坏。

向上线段被笔破坏：对于从向上一笔开始的，其中的分型构成这样的序列：$d_1g_1d_2g_2d_3g_3\cdots d_ng_n$（其中$d_i$代表第$i$个底，$g_i$代表第$i$个顶）。如果找到$i$和$j$，$j \geqslant i+2$，使得$d_j \leqslant g_i$，那么称向上线段被笔破坏。

向下线段被笔破坏：对于从向下一笔开始的，其中的分型构成这样的序列：$g_1d_1g_2d_2\cdots g_nd_n$（其中$d_i$代表第$i$个底，$g_i$代表第$i$个顶）。如果找到$i$和$j$，$j \geqslant i+2$，使得$g_j \geqslant d_i$，那么称向下线段被笔破坏。

缠中说禅线段分解定理：线段被破坏，当且仅当至少被有重叠部分的连续三笔的其中一笔破坏。而只要构成有重叠部分的前三笔，那么必然会形成一段线段。换言之，线段破坏的充分必要条件，就是被另一个线段破坏。

如果第一笔破坏线段后，第二笔就创下新高，每三笔根本就不触及每一笔。那么，这时候显然无法构成线段对线段的破坏，因为后面这三笔没有重合，不可能构成一个线段。

再者，线段被线段破坏，必须不能是被同一性质的线段破坏，也就是说，从向上一笔开始的线段不可能被向上一笔的线段破坏，必然是被从向下一笔开始的线段破坏。

线段A没有被接着的线段B破坏，但接着的线段C破坏了线段B，因此，线段B是完成的，当然线段A也应该是完成的。

注意，这里的线段A、B、C只是用结合律的原则先划分，B段满足线段的基本性质，在B段被C段破坏之前，这只是一个假设的称呼。

线段是笔的下一个单位。又是构成中枢的基础，意义重大，一定要仔细学习并掌握。

2.2.4　形态学之走势中枢

走势中枢是缠中说禅形态学中一个比较重要的概念，也是比较晦涩难懂的一部分内容，本节对走势中枢的定义和形态进行解析，具体第6章形态学之走势中枢将进行更详尽的解读和实战解析。

1. 走势中枢的定义

某级别走势类型中，被至少三个连续次级别走势类型所重叠的部分，称为走势中枢。换言之，走势中枢就是由至少三个连续次级别走势类型重叠部分所构成。这里有一个递归的问题，就是这个次级别不能无限地延伸下去。

上文说的"三个连续次级别走势类型所重叠的部分"，这里引用缠论原文进行解析，即具体的计算以前三个连续次级别的重叠为准，严格的公式可以这样表示：次级别的连续三个走势类型A、B、C，高、低点分别是$a_1 \backslash a_2$，$b_1 \backslash b_2$，$c_1 \backslash c_2$。则中枢的区间就是$[\max(a_2, b_2, c_2), \min(a_1, b_1, c_1)]$，而实际上用目测就可以，不用这么复杂。

注意，次级别的前三个走势类型都是完成的，这样才构成该级别的走势中枢。完成的走势类型，在次级别走势图上是很明显的，如图2-6所示。

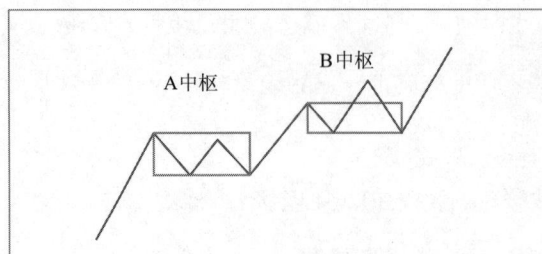

图2-6　走势中枢形态图

　　掌握了走势中枢的定义，后面学习"走势中枢"和买卖点就会容易很多，也就能在任何一个级别的走势中找到"走势中枢"。

　　下面简单介绍一些根据走势中枢引出的各个概念及各个原理与定理，即盘整和趋势的定义，技术分析原理和走势分解定理及走势中枢定理。

　　盘整：在任何级别的任何走势中，某完成的走势类型只包含一个走势中枢，就称为该级别的盘整。

　　趋势：在任何级别的任何走势中，某完成的走势类型至少包含两个以上依次同向的走势中枢，就称为该级别的趋势，该方向向上就称为上涨，向下就称为下跌。

　　值得注意的是，趋势中的走势中枢之间必须绝对不存在重叠。

　　技术分析的两个基本原理。

　　技术分析基本原理一：任何级别的任何走势类型终要完成。

　　技术分析基本原理二：任何级别任何完成的走势类型，必然至少包含一个走势中枢。

　　走势分解的两个定理。

　　走势分解定理一：任何级别的任何走势，都可以分解成同级别"盘整""下跌"与"上涨"三种走势类型。

　　走势分解定理二：任何级别的任何走势类型，都至少由三段以上次级别走势类型构成。

在初步了解了技术分析原理与走势分析定理后，我们不难理解走势中枢的定理。

走势中枢定理一：在趋势中，连接两个同级别"走势中枢"的必然是次级别以下级别的走势类型。

走势中枢定理二：在盘整中，无论是离开还是返回"走势中枢"的走势类型，必然是次级别以下的。

走势中枢定理三：某级别"走势中枢"的破坏，当且仅当一个次级别走势离开该"走势中枢"后，其后的次级别回抽走势不重新回到该"走势中枢"内。

为了能够使得读者更加清晰地明白"走势中枢定理一"，这里将博主对此定理的证明引用出来。

下面用反证法证明该定理：由定义可知，走势中枢产生的原因及判断标准，也就是其"生"问题已经解决，余下的就是其"住、坏、灭"的问题。也就是说，一个走势中枢是如何"维持"及最终被"破坏"进而废弃的。

先考虑其"维持"的问题。维持走势中枢的一个充分必要条件，就是任何一个离开该中枢的走势类型，都必须是次级别以下并以次级别以下的走势类型返回。该问题很容易证明，因为无论是离开还是返回，只要是同级别的走势类型，就意味着形成新的走势中枢，这与"原中枢的维持"前提矛盾。该命题表述成"走势中枢定理二"。

有了上面两个走势中枢定理，也就不难证明走势中枢定理三，也就是说，某级别"走势中枢"的破坏，当且仅当一个次级别走势离开该走势中枢后，其后的次级别回抽走势不重新回到该走势中枢内。

除此之外，还有一个非常重要的概念，需要单独强调，即"走势终完美"。

2. 走势终完美

在"技术分析基本原理一：任何级别的任何走势类型终要完成"中博主用

"走势终完美"进行了简练的总结。

而此原理的重要性就是把实践中总结出来的、很难实用的、静态的"所有级别的走势都能分解成趋势与盘整",转化成动态的、可以实用的"走势类型终要完成"。

正如《论语》所说的"不患，无位；患，所以立"。所有级别的走势都能分解成趋势与盘整是"不患"的，是无位次的。走势类型终要完成的"走势终完美"以所有级别的走势都能分解成趋势与盘整的无位次而位次之，而"患"之。

在实际操作中，操作者面对的都是鲜活的、当下的走势。而正如《论语》所说的"由知、德者，鲜矣"！，必须直面这种当下的走势。而在任何一个走势的当下，无论前面是盘整还是趋势，都有一个两难的问题：究竟是继续延续还是改变。

"走势终完美"这句话有两个不可分割的方面：一方面，任何走势，无论是趋势还是盘整，在图形上最终都要完成；另一方面，一旦某种类型的走势完成以后，就会转化为其他类型的走势。

在技术分析里，不同的位次构成不同的走势类型，各种位次以无位次而位次。而如何在不同位次之间灵活地运动，是在实际操作中最困难的部分，也是技术分析最核心的问题之一。

2.3 动力学核心内容

博主曾提议：动力学、形态学一起用更有效，如果不学习动力学，无法抓住第一类买卖点。任何涉及背驰的，都是动力学的范围，背驰是动力学的基本内容之一。

2.3.1　缠论对背驰的解释

背驰是缠中说禅动力学中的知识，可以说出现了背驰，就出现了转折，有了转折，买卖点也就出现了。背驰是相对于趋势而言的，博主曾说"没有趋势就没有背驰"。

背驰是如何产生的？又是如何判断的？

在判断"背驰"之前，首先定义一个概念，称为趋势力度：前一走势与均线相交的结束的时间点与后一走势与均线相交的开始的时间点之间由短期均线与长期均线相交所形成的面积，在前后两个同向趋势中，当趋势力度比上一个趋势力度要弱，就形成了"背驰"。

根据定义，趋势力度是判断背驰的最稳妥的办法，但唯一的缺点是必须等走势与均线再次相交后才能判断，这时走势离真正的转折点已经有一段距离了。

如何解决这个问题？有以下三种方法。

第一种方法：看低一级别的图，从中按该种办法找出相应的转折点，这和真正的转折点基本上没有太大的距离。

第二种方法：均线判断背驰。

第三种方法：MACD指标判断背驰。

判断背驰的第二种方法有一个缺陷，就是风险稍微大一点儿，并且需要投资者的技巧要高点儿，对市场的感觉要好点儿。

2.3.2　缠论区分趋势背驰与盘整背驰

博主将背驰分为趋势背驰与盘整背驰。

趋势背驰是指在趋势中产生的背驰。趋势背驰分为两种，即上涨和下跌。在上涨趋势中产生的背驰称为上涨背驰，在下跌趋势中产生的背驰称为下跌背驰。

　　盘整背驰是指在盘整走势中产生的背驰，盘整背驰可分为盘整顶背驰和盘整底背驰。发生在往上盘整走势中的盘整背驰为盘整顶背驰，发生在往下盘整走势中的盘整背驰为盘整底背驰。

　　趋势，一定有至少两个同级别中枢，对于背驰来说，肯定不会发生在第一个中枢之后，而是发生在至少是第二个中枢之后。对于那种延伸的趋势来说，很有可能在发生第100个中枢以后才出现背驰。当然，这种情况，一般来说，很多年也碰不到几次。

　　第二个中枢后就产生背驰的情况，一般占了绝大多数。特别在日K线以上的级别，这种情况几乎达到90%以上。因此，如果一个日K线以上级别的第二个中枢之后，就要密切注意背驰的出现。

　　在小级别中，如1分钟的情况下，这种比例要小一点儿，但也占大多数。一般四五个中枢以后才出现背驰的，都相当罕见了。

　　如果在第一个中枢就出现背驰，那么不会是真正意义上的背驰，只能算是盘整背驰，其真正的技术含义，其实就是一个企图脱离中枢的运动，由于力度有限，被阻止而重新回到中枢里。

　　盘整背驰最有用的就是用在大级别上，特别是用在周K线级别以上的图表中，这种盘整背驰所发现的买点，往往就是历史性的大底部。配合MACD，这种背驰是很容易判断的。

　　如何利用MACD判断背驰呢？缠中说禅中给出了详细的方法。

　　要有两段同向的趋势。同向趋势之间一定有一个盘整或反向趋势连接，把这三段分别称为A、B、C段；显然，B的中枢级别比A、C段的中枢级别都要大，否则A、B、C段就连成一个大的趋势或大的中枢了；A段之前，一定是和B段同级别或更大级别的一个中枢，而且不可能是一个和A段逆向的趋势，否则这三段就会在一个大的中枢里了。

用MACD判断背驰的前提是，A、B、C段在一个大的趋势里，其中A段之前已经有一个中枢，而B段是这个大趋势的另一个中枢，这个中枢一般会把MACD的黄白线（也就是DIF和DEA）回拉到0轴附近。

而C段的走势类型完成时，对应的MACD柱子面积（向上看红柱子，向下看绿柱子）比A段对应的面积要小，这时候就构成标准的背驰。从这段关于背驰基本定义的描述，说明最后一个中枢的破坏，即第三类买卖点是包含在离开中枢的次级别趋势中。

2.3.3 缠论之背驰与买卖点

如何找到买点建仓，如何找到卖点清仓，是缠论中最根本的目标。

缠论中说背驰同样具有级别的问题，即一个1分钟级别的背驰，在绝大多数的情况下，不会制造一个周线级别的大顶，除非日线上同时也出现背驰。

但出现背驰后必然有逆转，这是没有任何商量余地的。有人要问，究竟逆转多少？很简单，就是重新出现新的次级别买卖点为止。

由于所有的买卖点，最终都可以归到某级别的第一类买卖点，而背驰与该买卖点密切相关，所以可以这样说，任何逆转必然包含某级别的背驰。用严格的方法，可以证明如下定理。

缠中说禅背驰——买卖点定理：任一背驰都必然制造某级别的买卖点，任一级别的买卖点都必然源自某级别走势的背驰。

多数的第二类、第三类买点，其实都是由盘整背驰构成的，而第一类买点多数由趋势的背驰构成。一般来说，第二类、第三类的买点都有一个三段的走势。第三段往往都破掉第一段的极限位置，从而形成盘整背驰。注意，这里是把第一段、第三段看成两个走势类型之间的比较，这和趋势背驰里的情况有点儿不同。这两个走势类型是否一定是趋势，问题不大，两个盘整在盘整背驰中也是可以比较力度的。

也就是说，第一类买点肯定是趋势背驰构成的，而盘整背驰构成的买点，在小级别中意义不大，所以以前也没专门当成一种买点，但在超大级别里，也会构成一种类似第一类买点的买点，因为在超大级别里，往往不会形成一个明显的趋势。

背驰是中枢的下一个单位，也是缠中说禅论中最大的单位。

第二篇

形态学解析

第3章

形态学之分型

分型是缠中说禅中最基础的概念，有着十分重要的意义，是一个纯理论性质的推导。

分型其实是股票交易中的一个特征，博主对此进行了系统的解释：分型是针对股票市场走势分类的标准提出来的，它是缠论K线系统中的一个最基本的定位工具。按照博主所说，"分型"是直接来源于市场走势本身，而不是一个先验的、市场之外的数学理论。

3.1　K线的包含和处理

在讲解分型之前，必须先介绍相邻K线之间的包含关系及非包含关系，只有弄清楚了K线的包含关系，才能进一步了解分型的内容。

3.1.1　包含关系与非包含关系的完全分类

缠论中认为K线存在包含关系和非包含关系两种形式，如图3-1、图3-2所示。

图3-1　包含关系

图3-2　非包含关系

博主曾说，在实际图形里，相邻的两根K线可以出现如图3-1所示的这种包含关系，也就是一根K线的高低点全在另一根K线的范围里。而图3-2就给出了在没有包含关系的图形中，三根相邻K线之间可能组合的一个完全分类。

1. 包含关系

如博主所说，K线的包含关系是指相邻的两根K线，一根K线的高低点全都在另一根K线的范围内共有七种包含关系的K线形态，如图3-3所示。

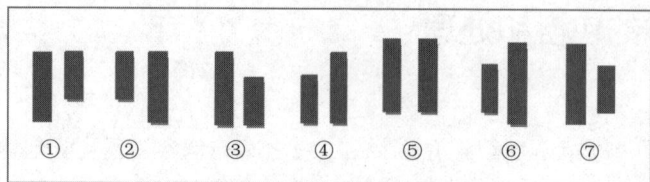

图3-3　七种包含关系的K线形态

七种包含关系的K线形态中，相邻的两根K线，无论是谁包含谁，都是包含关系。我们以包含关系中的①为例，右侧短K线的高低点完全在左侧长K线的高低点范围内，则两根长短K线为包含关系。

2. 非包含关系

K线的非包含关系是指相邻的K线中，一根K线的高低点完全不在另一根K线的范围内，共有四种非包含关系的K线形态，如图3-4所示。

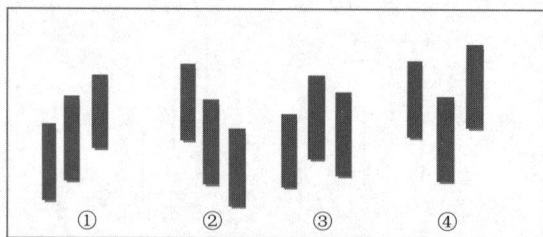

图3-4　四种非包含关系的K线形态

注意，这里的上升、下降K线，不一定都是三根，也可以是无数根，只要一直保持这个定义就可以。当然，简单的也可以是一两根，这只要不违反结合律和定义就可以。

四种非包含关系的K线形态中，相邻的K线都不属于包含关系，其分别为：①为上升K线，②为下降K线，③为顶分型，④为底分型。我们以非包含关系图中的①为例：最左边的K线的高低点并不完全在中间K线高低点的范围内；同样，中间K线的高低点也不完全在最右边K线高低点的范围之内，所以不属于包含关系。

①为上升K线，此K线中的线段的数量可以不是三根，也可以是无数根。②为下降K线，此K线中的线段的数量可以不是三根，也可以是无数根。所以，上升K线和下降K线表达的只是一个趋势。

3.1.2　K线包含关系的处理

K线的包含处理，就是将有包含关系的两根K线合并成一根K线，即将复杂的K线做简化处理。

之所以这样合并，是因为K线走势图中由于含有包含关系的K线或许会很多，为了便于分析，我们将含有包含关系的K线进行合并。

1. 向上处理

博主说："一根K线的高低点完全在另一根K线的范围内，在这种情况下，可以这样处理，两根K线向上时，把两根K线的最高点当高点，而把两根K线低点中的较高点当成低点，这样就把两根K线合并成一根新的K线。"

"上升K线包含形态"就是把两根K线的最高点作为高点，把两根K线中低点的较高点作为低点进行合并，如图3-5所示。

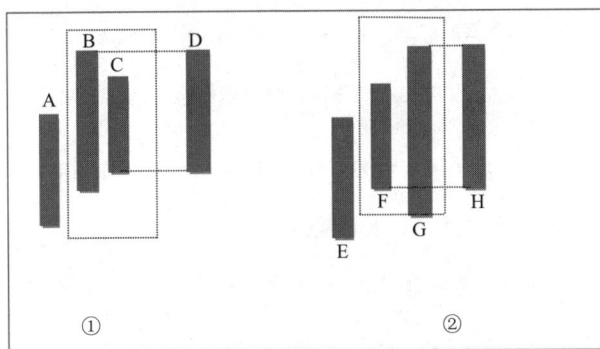

图3-5　上升K线包含形态

从图3-5中的①可以看出，若K线A和K线B无包含关系，K线B和K线C有包含关系，则取存在包含关系的K线B和K线C的最高点作为新K线D的高点，K线B和K线C的低点中的较高点作为低点，形成新K线D的低点。

从图3-5中的②可以看出,若K线E和K线F无包含关系,K线F和K线G有包含关系,则取存在包含关系的K线F和K线G的最高点作为新K线H的高点,K线F和K线G低点中的较高点作为低点,形成新K线H的低点。

其规律博主已经给出:假设,第n根K线满足第n根与第$n+1$根的包含关系,而第n根与第$n-1$根不是包含关系,如果$g_n \geq g_n-1$,那么称第$n-1$、n、$n+1$根K线是向上的。

2. 向下处理

博主说:"当K线向下时,把两根K线的最低点当低点,而两根K线高点中的较低点当成高点,这样就把两根K线合并成一根新的K线。"

"下降K线包含形态"就是把两根K线的最低点作为低点,把两根K线中高点的较低点作为高点进行合并,如图3-6所示。

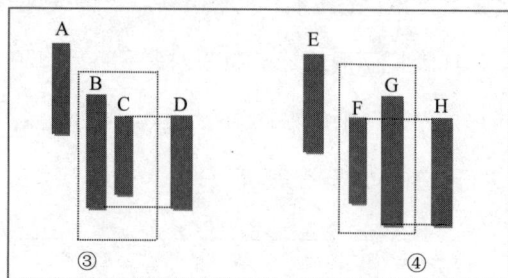

图3-6　下降K线包含形态

图3-6中的③,若K线A和K线B无包含关系,K线B和K线C有包含关系,则取存在包含关系的K线B和K线C的最低点视为新K线D的低点,K线B和K线C高点中的较低者作为高点,形成新K线D的高点。

图3-6中的④,若K线E和K线F无包含关系,K线F和K线G有包含关系,则取存在包含关系的K线F和K线G的最低点视为新K线H的低点,K线F和K线G高点中的较低点作为高点,形成新K线H的高点。

其规律博主已经给出:假设,第n根K线满足第n根与第$n+1$根的包含关系,而

第 n 根与第 $n-1$ 根不是包含关系, 如果 $d_n \leqslant d_n-1$, 那么称第 $n-1$、n、$n+1$ 根 K 线是向下的。

3.1.3 K线包含关系处理顺序

进行K线包含关系的处理时, 为避免混乱, 必须遵循其顺序。

方法一: 结合律是有关本ID理论中最基础的, 在K线的包含关系中, 当然也需要遵守, 而包含关系不符合传递律, 也就是说, 第一、二根K线是包含关系, 第二、三根K线也是包含关系, 但并不意味着第一、三根K线就有包含关系。因此在K线包含关系的分析中, 还要遵守顺序原则, 就是先用第一、二根K线的包含关系确认新的K线, 然后用新的K线去和第三根K线比, 如果有包含关系, 继续用包含关系的法则结合成新的K线, 如果没有, 就按正常K线去处理。

根据博主所说, 在分析K线时, 首先应运用第1根K线和第2根K线的包含关系来确认新的K线; 其次, 用新的K线和第3根K线进行比较, 如存在包含关系, 则再次运用包含关系规则合并成新的K线, 如果不构成包含关系, 就正常处理。

下面我们按照顺序将K线进行包含关系处理, 产生新的K线之后再进行合并。

如图3-7所示, 首先看图中K线包含关系, 得知K线2、K线3、K线4中, K线3和K线4存在包含关系, 做向上处理, 即把两根K线的最高点作为高点, 把两根K线中低点的较高点作为低点进行合并, 合并K线3和K线4, 得到新的K线A, 如图3-8所示。

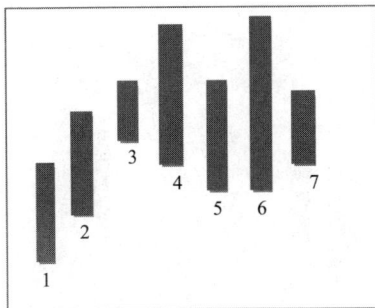

图3-7 K线包含关系处理1

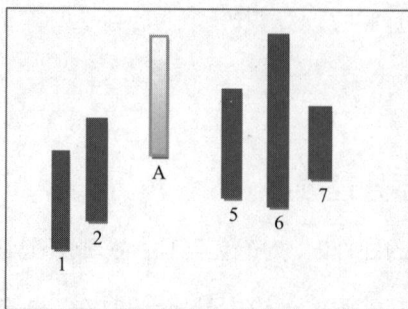

图3-8　K线包含关系处理2

　　图3-8中，新的K线A与K线5、K线6中，K线5和K线6存在包含关系，做向下处理，即把两根K线的最低点作为低点，把两根K线中高点的较低点作为高点进行合并，合并K线5和K线6，得到新的K线B，如图3-9所示。

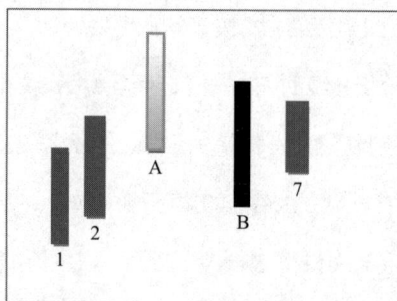

图3-9　K线包含关系处理3

　　图3-9中，新的K线B与K线A、K线7中，K线B和K线7存在包含关系，做向下处理，即把两根K线的最低点作为低点，两根K线中高点的较低点作为高点进行合并，合并K线B和K线7，得到新的K线C，如图3-10所示。

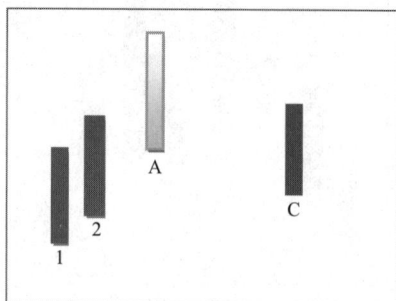

图3-10　K线包含关系处理4

通过观察发现, 图中剩有K线1、K线2、K线A及K线C, 无包含关系。由此, 我们得到新的K线图形, 如图3-11所示。

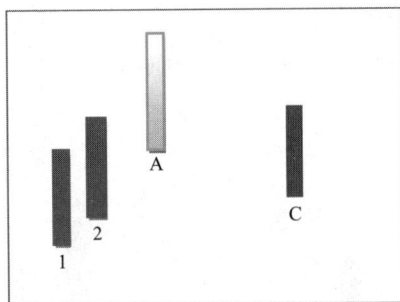

图3-11　K线包含关系处理5

之所以将K线进行合并, 是为了在看图时更加方便地识别顶分型与底分型。

方法二: 用$[d_i,g_i]$记号第i根K线的最低和最高构成的区间, 当向上时, 顺次n个包含关系的K线组, 等价于$[\max d_i,\max g_i]$的区间对应的K线, 也就是说, 这n个K线和最低最高的区间为$[\max d_i,\max g_i]$的K线是一回事情; 向下时, 顺次n个包含关系的K线组, 等价于$[\min d_i,\min g_i]$的区间对应的K线。

博主所说的 "结合律": 对于任意的A、B、C, 若A+(B+C)=(A+B)+C, 那么这个 "+" 的运算就满足结合律。

这个方法主要用于多根顺次存在包含关系K线的合并。

3.2　分型的形态

分型这个概念最早并不是由缠中说禅的作者提出, 而是比尔·威廉姆斯博士(美国)在《混沌操作法》一书中率先提出的, 并将分型称作 "上分型" 和 "下分型"。

分型属于缠中说禅形态学, 是缠中说禅中最为基础的概念。分型虽然是缠中说禅中最小的单位, 但是却有重要的意义, 是缠论K线系统中一个极为关键的概念。它来源于K线组合的一个完全分类，是一个纯理论性质的推导。

分型是缠论中的基础理论，因为有了分型，才会有笔、线段、中枢等后续的概念，因此分型是学习笔的基础。

根据博主对分型的定义，分型如图3-12所示。

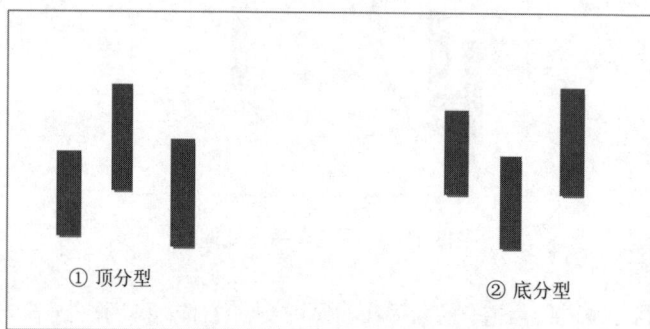

图3-12　顶分型与底分型的第一种形态

图3-12中①为顶分型，按照缠论中顶分型的定义，即"中间K线的高点是三根K线中高点最高的，低点是三根K线中最高的"，①是典型的顶分型。②为底分型，按照缠论中底分型的定义，即"中间K线的高点是三根K线中高点最低的，低点是三根K线中最低的"。

除了图3-12中典型的顶分型与底分型之外，还有另一种形式的顶分型与底分型，如图3-13所示。

对比图3-12中的①和图3-13中的③可以发现，同样是顶分型，在形态上有些相异，图3-12中①的左边K线在右边的K线中，而图3-13中③的左边K线不在右边K线中。

图3-13　顶分型与底分型的第二种形态

对比图3-12中的②和图3-13中的④可以发现，同样是底分型，但是在形态上有些相异，图3-12中②的左边K线在右边的K线中，而图3-13中④的左边K线不在右边K线中。

比较典型的分型形态有几种，即中继顶分型、中继底分型、转折顶分型、转折底分型和确认顶分型、确认底分型六大类。具体内容我们将在3.3节中详细阐述。

另外，还有一种比较常见的形态分类，无论是顶分型还是底分型，都可以分为这四种比较常见的形态：（1）标准形态；（2）左侧跳空；（3）右侧跳空；（4）左右两侧跳空。具体形态如图3-14所示。

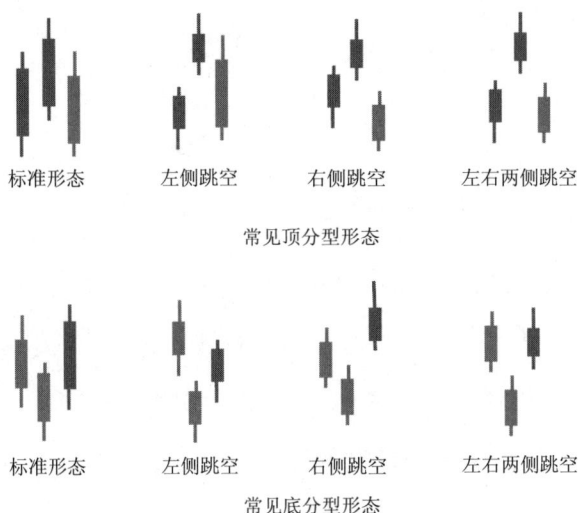

标准形态　　左侧跳空　　右侧跳空　　左右两侧跳空

常见顶分型形态

标准形态　　左侧跳空　　右侧跳空　　左右两侧跳空

常见底分型形态

图3-14　顶分型与底分型的常见形态

3.3　顶分型与底分型

上文提到，博主在新浪博客"缠中说禅教你炒股票"系列文章中将分型称作"顶分型"和"底分型"。在这一节中，我们来详细分解博主站在股市的角度对于顶分型与底分型含义的解析。

3.3.1 顶分型与底分型的含义

顶分型是指在相邻的三根K线中,中间一根K线的高点是三根K线中高点中最高的,其低点也是三根K线中低点最高的,这种情况下,三根K线的组合就是顶分型,如图3-15所示。

从图3-15中可以看出,前面三根K线就组成了一个标准的顶分型形态,中间K线2的高点高于两侧K线1和K线3,K线2的低点也高于K线1和K线3的低点。

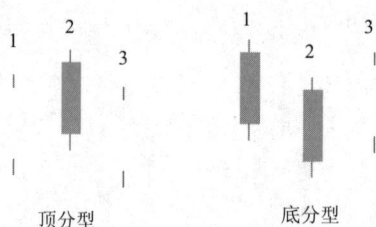

图3-15 顶分型与底分型的基本展示

底分型是指在相邻的三根K线中,中间一根K线的低点是三根K线中低点中最低的,其高点也是三根K线中高点最低的,这三根K线的组合就是底分型。图3-15中的后三根K线就组成一个常见的标准底分型形态。其中,K线2的低点低于K线1和K线3的低点,K线2的高点也低于K线1和K线3的高点,是三根K线高点中最低的。

顶分型的最高点叫作该分型的顶,底分型的最低点叫作该分型的底。由于顶分型的底和底分型的顶是没有意义的,所以顶分型的顶和底分型的底可以简称为顶和底。

3.3.2 顶分型与底分型的成立

一个分型结构的出现,如同中枢,都是经过一个三次的反复心理较量过程,只是中枢用的是三个次级别。

　　一个顶分型之所以成立，是卖的分力最终战胜了买的分力，而其中买的分力有三次努力，而卖的分力有三次阻击。

　　用最标准的已经过包含处理的三 K 线模型：第一根 K 线的高点被卖分力阻击后，出现回落，这个回落出现在第一根 K 线的上影部分或者第二根 K 线的下影部分，而在第二根 K 线出现一个更高的高点，但这个高点显然与第一根 K 线的高点中出现的买的分力，一定在小级别上出现力度背驰，从而至少制造了第二根 K 线的上影部分。

　　最后，第三根 K 线会再次继续一次买的分力的攻击，但这个攻击完全被卖的分力击败，从而不能成为一个新高点，在小级别上，大致出现一种第二类卖点的走势。

　　底分型的成立情况与顶分型刚好相反。

3.3.3　顶分型与底分型的操作提示

　　短线高位的顶分型，如果顶分型出现在价格高位上，那么顶分型通常是高位转折的基础，大概率股价会出现反转走势，后期股价将有所下降。但如果一只正在上涨的股票，还没有出现顶分型，那么意味着股价转折信号还没有出现，就不要急于卖出，因为大部分顶分型都出现在股票价格的高位。持股者应注意顶分型的出现，如果出现了第二次或是第三次的顶分型时，就应该特别注意。

　　短线低位的底分型，如果底分型出现在价格低位时，那么底分型通常会成为低位转折点的基础，使得股价出现反向上升，一定程度上预示着股价将出现触底反弹。底分型一旦出现，通常意味着股票价格即将见底，传递出的信号即为"建仓"，如果股价虽然一直下跌，但并没有出现底分型形态，可以继续关注，寻找时机。

3.4 分型的分类

分型分为两大类,分别是中继分型和转折分型。如果将其进一步细分,又可以分为中继顶分型、中继底分型、转折顶分型、转折底分型和确认顶分型、确认底分型六大类,具体分类如图3-16所示。

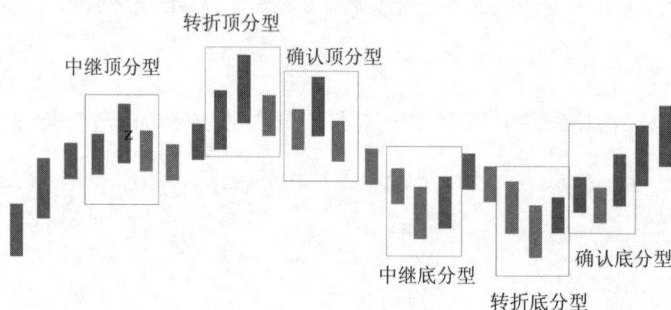

图3-16 分型分类示意

3.4.1 中继顶分型

中继顶分型是指在股票价格上涨的过程中,形成一个顶分型,但是其价格却并没有下跌,而是震荡后继续上涨,这种顶分型即为中继顶分型。中继顶分型其实质是形成次级别中枢的一笔上涨的一个小顶。

3.4.2 中继底分型

与中继顶分型相对,是指股价下跌后,形成一个底分型,但是却并没有发生转折上涨,稍事震荡后,股价继续下跌,这种底分型就是中继底分型。中继底分型其实质是形成次级别中枢的一笔下跌的一个小底。

3.4.3 转折顶分型

转折顶分型是指股票价格经过一波上涨后(更专业的术语"笔",将在后文说明）形成顶分型，此后股票价格会经历下跌而非震荡后上扬，这种顶分型被称作转折顶分型。转折顶分型其实质是此波与之前同向一波发生背驰或盘带背驰，也有可能是内部次级别发生背驰或盘整背驰。

3.4.4　转折底分型

转折底分型与转折顶分型相对，是指股票价格经过一波下跌后，形成底分型，此后股价并没有继续下跌而是开始了一波上涨，这种底分型就被称为转折底分型。转折底分型其实质是该波下跌与前一波下跌形成背驰或盘整背驰，也有可能出现此波内部次级别发生背驰或盘整背驰。

3.4.5　确认顶分型

确认顶分型是指在转折顶分型后面，相隔不远的几根K线又一次形成的一个顶分型，这个顶分型的顶要低于前面的转折顶分型，并且在此顶分型之后，股票价格有一波迅速下降。确认顶分型可以有多个，其实质是次级别震荡所形成，如果出现多于两个，则刚为次级别中枢的两个小顶。如图3-17所示，可以明显看出确认顶分型的具体形态。

图3-17　确认顶分型图形

3.4.6 确认底分型

确认底分型与确认顶分型相对,是指在转折底分型后面,相隔不远的几根K线又形成一个新的底分型,但是这个底分型高于之前出现的转折底分型,自这个底分型出现后,股票价格会出现一波迅速上涨。

确认底分型也可以有多个,它是次级别震荡所形成的,如果出现两个以上,则刚为次级别中枢的两个小底。

3.5 顶分型的强弱

分型由三根K线组成,因其形态的不同,影响了股票价格走势,为了更好地分析和推断股价的走势,就要对分型的强弱进行区分。

1. 没有包含关系的顶分型

如图3-18所示,展示的即为没有包含关系的顶分型图例。包含关系(只要不是直接把阳线以长阴线吃掉)意味着一种犹豫,一种不确定的观望等,一般在小级别上都会有中枢延伸、扩展之类的东西。

根据博主所说,没有包含关系的分型结构,在市场中没有太多的犹豫。即一个完全没有包含关系的分型结构,意味着市场交易双方都是直截了当的,双方并无犹疑。

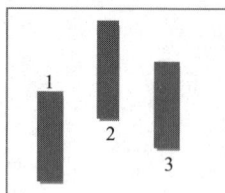

图3-18 没有包含关系的顶分型

2. 没有包含关系，但K线长短明显的顶分型

如图3-19所示，展示的是没有包含关系，但K线长短明显的顶分型图例。这种顶分型的形态，形成"顶"的可能性极小，绝大部分是中继的。

博主对此有过详细的阐述，即如果第一根K线是一根长阳线，而第二、三根K线都是小阴、小阳线，那么这个分型结构的意义不大，在小级别上，一定显现出小级别中枢上移后小级别新中枢的形成，一般来说，这种顶分型成为真正顶的可能性很小，绝大多数都是中继的。

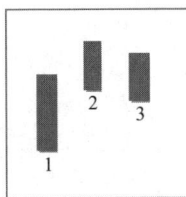

图3-19　没有包含关系但K线长短明显的顶分型

3. 有包含关系的顶分型

如图3-20所示，展示了有包含关系的顶分型图例。图中顶分型存在包含关系，如果第二根K线是长上影甚至就是直接的长阴，而第三根K线不能以阳线收在第二根K线区间的一半之上，那么该顶分型的力度就比较大，最终要延续成笔的可能性就极大。值得注意的是，如果第二根K线与第三根K线是包含关系，而第三根为长阴线，那么就是最坏的一种包含关系。

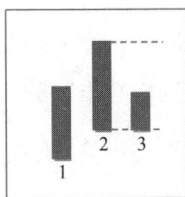

图3-20　有包含关系的顶分型

4. 非包含关系的顶分型

如图3-21所示,展示了非包含关系的顶分型图例,这种形态的顶分型杀伤力较强。非包含关系处理后的顶分型当中,第三根K线的高收不到第一根K线区间的一半以上,其底又跌破第一根底线的底,这是最弱的一种。

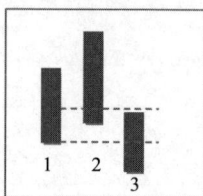

图3-21　非包含关系的顶分型

从上文描述的情况可以看出,顶分型在形态上如果表现得不强烈,股价并不会见顶回落,还有可能继续保持上涨。

尤其是出现中继顶分型时,形成真正的顶的可能性非常小。如果顶分型的力度比较大,就有可能会延续成笔,这就需要持股者有更多的关注和判断,学会观察。

3.6　底分型的强弱

总体来看,底分型的情况与顶分型的情况刚好相反。

1. K线3高点远高于K线1高点且站在底分型的上边沿

如图3-22所示,第三根K线的最高点远超出第一根K线的最高点,并且站在底分型的上边沿。此种情况为最强的走势,上攻这点之上,向上形成笔的可能性很大。

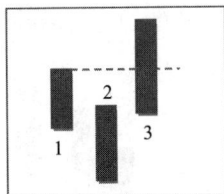

图3-22　K线3高点远高于K线1高点且站在底分型的上边沿

2. K线1与K线3高点相同

如图3-23所示，第一根K线的高点同第三根K线的高点相同，即处于同一水平线上，这时的走势一般，这个形态的底分型成为真正的底的可能性并不大，大多会形成中继底分型，还会有震荡后的下跌。

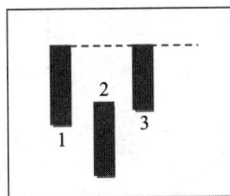

图3-23　K线1与K线3高点相同

3. K线3高点在底分型的上边沿之下

如图3-24所示，第三根K线的高点是站在底分型的上边沿之下，这种情况下，走势比较弱，上攻走势延续成笔的概率非常低，多数为中继底分型，后续会持续震荡下跌，要注意这种情况。

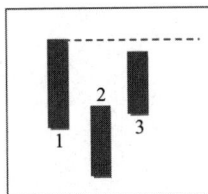

图3-24　K线3高点在底分型的上边沿之下

4. K线4的底在底分型的上边沿站稳

并非上攻走势都能延续成笔，要注意判断能否在底分型的上边沿站稳，如

图3-25所示，便是K线4的底在底分型的上边沿站稳的情况。

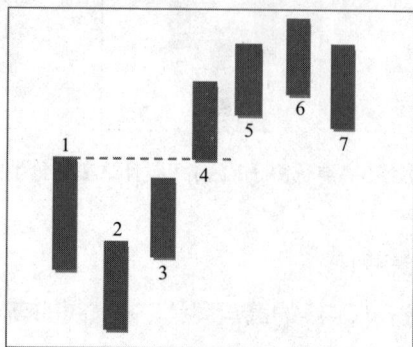

图3-25　K线4的底在底分型的上边沿站稳

因此，从之前的形态可以看出，底分型多出现在空头交易的行情中，是股价下跌甚至见底的重要信号。一旦个股在下跌过程中形成底分型形态，股价很有可能出现触底反弹的情况。

当股票持续下跌时，如果没有出现底分型形态，应继续观察，不要过早介入，形成损失；如果出现底分型形态，要根据上述的不同底分型形态来判断强弱，然后再采取相应措施。

当个股股票价格在下跌的过程中第一次出现底分型形态时，不要着急下结论，观察其是否强烈，如果力度较弱，即为中继底分型，并为触底；如果力度较强，则多会出现触底反弹。

第4章

形态学之笔

笔是由分型发展而来的，是继顶分型和底分型后的缠论形态，也是学好线段的基础。

用笔和线段来代替K线是博主独具特色的理论，也非常值得我们在后期实战中加以学习和应用。

4.1　笔与分型的关系

对于笔而言，顶和底之间的其他波动可以忽略不计，但要注意的是，一定要相邻的顶和底才构成一笔，隔了几个就不是了。

分型是最低级别走势类型分析的起始条件，只有有了分型，才能构造笔，然后才能从笔构造成线段，最后才能构造出本级别及各个级别的走势类型。

根据笔的方向，可以分为向上笔和向下笔。向上笔，其结构为底分型+K线+顶分型。向下笔，其结构为顶分型+K线+底分型。向上笔与向下笔是我们未来学习需要掌握的重要概念。

缠论中有一个核心概念为"走势终完美"，意思是说各种概念、理论等都是围绕走势终完美而产生的，而"走势"最小的基础计算单位就是笔。

笔的形态有很多，有简单的也有复杂的，这需要看连接顶、底分型间的K线数量有多少，如果只有一根，就属于简单笔形态；如果有两根或两根以上，则称为复杂笔形态。在许多缠论高手眼中，无论是1分钟还是年线图，都不是复杂的K线，而是由笔构成的，用笔和线段来代替K线是博主的一大发现，也值得我们在后期实战中加以学习和应用的。

4.2　笔的形成条件

知道了笔的定义，一定程度上就能了解笔的构成和形成条件。

笔，必须是一顶一底，而且顶和底之间至少有一根K线不属于顶分型与底分型。此外，还有一点非常重要，即在同一笔中，顶分型中最高那根K线的区间，至少要有一部分高于底分型中最低那根K线的区间。如果这一点达不到，换句话说，就是顶都在底的范围内或顶比底还低，这显然是有问题的。

总结缠论理论，笔形成应满足以下两个条件。

条件一：顶分型与底分型在进行包含关系处理后，两者之间不能存在通用K线，即不可以有一根K线既属于顶分型又属于底分型。

条件二：在第一个条件的基础上，顶分型当中最高K线和底分型当中最低K线之间（不包含这两根K线），如果不考虑包含关系，则应存在三根及三根以上的K线。

条件一在操作过程中要注意，而且要坚持，不能含混而过，只有这样，才能确保笔的能量力度。条件二比条件一当中不能存在公用K线要求要更为轻松，但是同样能够保证笔的能量力度。所以在操作过程中，需要注意以下两个事项。

要点一：在同一图形的划分当中应该坚持同一个标准，不要中途变换条件。

要点二：顶分型最高K线的区间如果全在底分型最低K线的区间范围内，则该划分是错误的，属于笔无法完成的情况。

缠论中也说过在确定笔的过程中，必须要满足上面的条件，则可以唯一确定出笔的划分。

4.3　旧笔的形态

所谓旧笔，即在完全进行K线包含处理过后，笔要求顶和底之间至少要有一根独立的K线。旧笔的形态如图4-1所示。

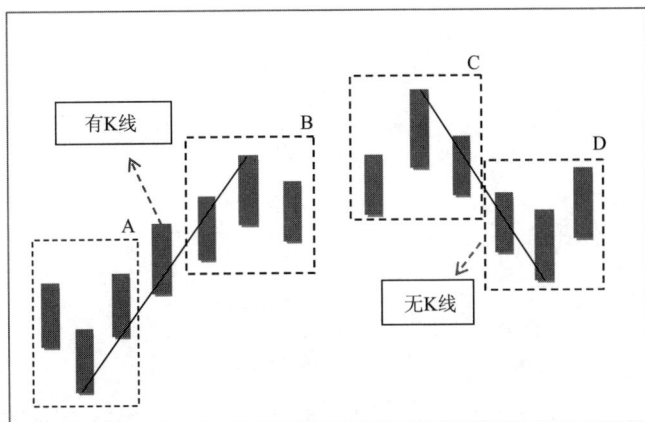

图4-1　旧笔

从图4-1可以看出，A与B加上中间的K线形成最基本的一笔，而C与D却没形成笔，因为中间没有K线，只有顶和底。

按照笔的定义和分类，分为上升的一笔=底分型+上升K线+底分型；下降的一笔=顶分型+下降K线+底分型。

关于旧笔，成立的条件总结起来为：考虑包含关系，顶分型与底分型之间必须有一根独立的K线。所谓包含关系，指的是所有的K线按照包含关系处理的原则全部处理过后，任何相邻两根K线之间都没有存在包含关系，在这种情况下去找顶分型和底分型。相邻的两个顶、底分型并不必然构成笔，因为还有一个独立K线的条件。因此，在这样处理完包含关系后，一笔就至少由顶、底在内的5根K线构成。

其实，对于旧笔而言，不仅K线数量有要求，还有另外一个条件，也是我们之前提到的，就是在同一笔当中，顶分型中最高的K线的区间至少要有一部分高于底分型中最低的K线的区间。

4.4　新笔的形态与应用

缠中说禅《教你炒股票108课》中并没有直接说明新笔的定义，但是在博主的文章《忽闻台风可休市，聊赋七律说〈风灾〉》中，却对新笔下了定义，将新笔定义为："分型与底分型经过包含处理后，不允许共用K线，也就是不能有一根K线分别属于顶分型与底分型"的条件不变，在满足上述条件的情况下，顶分型中最高K线和底分型的最低K线之间（不包括这两根K线），不考虑包含关系，至少有三根（包括三根）以上的K线。

4.4.1　新笔的形态

按照博主所说，新笔形成的条件必须满足以下两点。

第一，顶分型与底分型经过包含处理后，不允许共用K线，即不能有任何一根

K线既属于顶分型又属于底分型，这一条件和原来的旧笔定义是一样的。这一点不能改变。

第二，在满足第一个条件之后，顶分型中的最高K线和底分型的最低K线之间（不包括这两根K线），不考虑包含关系，至少有三根（包括三根）以上的K线。

对比新笔、旧笔形成的条件可以发现，新笔形成的条件无疑要比旧笔宽松很多。

下面通过图4-2进行分析。

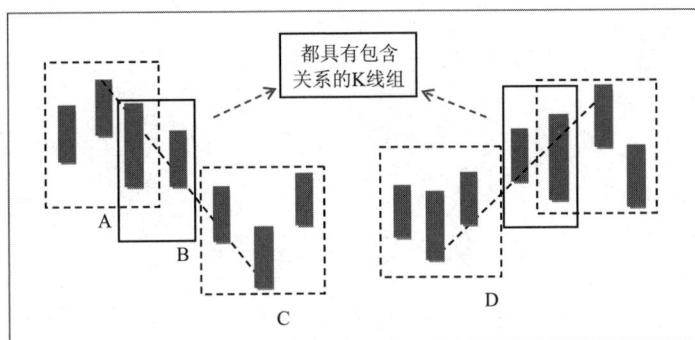

图4-2　新笔

从图4-2中不难发现，顶分型A和底分型B是存在包含关系的K线。同样，底分型C和顶分型D也是存在包含关系的K线。如果按照之前旧笔的定义和形成条件，则顶分型A和底分型B、底分型C和顶分型D不能构成笔，因为缺少过渡的K线。

随着新笔定义的出现和完善，顶分型A和底分型B、底分型C和顶分型D都能构成笔。之所以这样也可以构成笔，是因为如果没有进行包含关系处理，顶分型A中间的最高K线和底分型B中间的最低K线存在三根K线，这满足形成新笔的条件。同样，底分型C和顶分型D也是如此。

4.4.2　新笔的应用

前文已经提到旧笔和新笔的显著不同，新笔的定义和条件也清晰明了，可以说，新笔对于实际股市的操作也有一定的指导作用。简单来说，笔是小级别复杂走势的简单化处理,大级别的一笔可以进行下降级别来观察。

比如,看日K线上的一笔不是非常清晰时,这时若是下降到30分钟K线图表周期来看,就能够观察到相应的高低点错综复杂的走势类型。

如图4-3所示,在日K线级别上观察图中的下降笔,下降笔包含的K线数量并不多,相对比较简洁,若是想要更加清晰地观察这一笔,可下降到30分钟K线级别上观察,即观察图4-4。

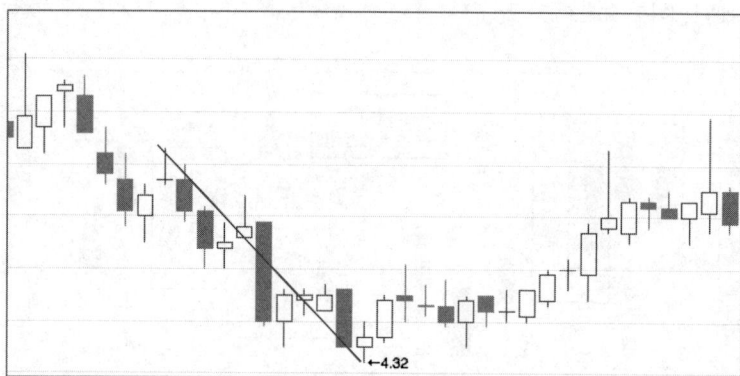

图4-3　日K线级别的笔

图4-4　30分钟K线级别的笔

图4-4为30分钟K线级别走势图,可以看出,图4-3当中的一笔清晰地展示在了图4-4中,形态比较复杂,可以看见这一笔上高低点错综复杂的走势,更清晰地看到其中的交错与变化。

但若是日K线上高低点较为复杂的走势类型，上升到周K线级别的图表来看时，大多数都会发现在周K线级别图中是非常简洁的一笔。

图4-5所示为日K线级别的走势图，从走势的最高点到最低点可以形成一条复杂的下降笔，包含K线数量较多，起落也相对更加明显，走势相对比较复杂。现在上升级别观察，如图4-6所示。

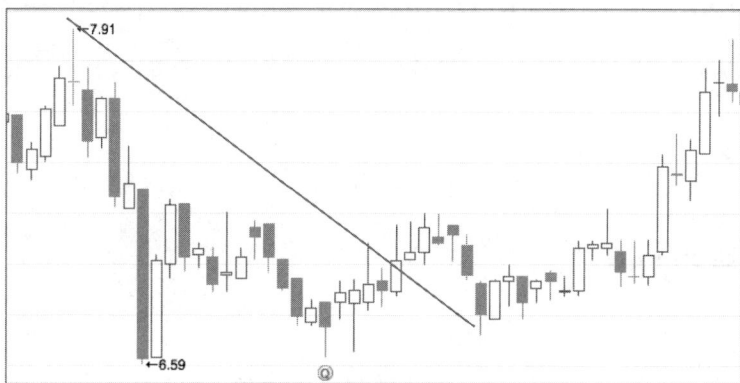

图4-5　日K线级别的笔

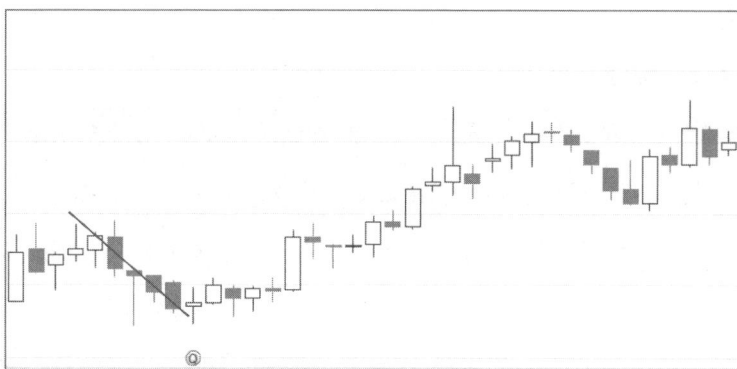

图4-6　周K线级别的笔

图4-6为周K线图，与日K线级别上的笔相比较，可发现周K线级别上的笔为一条简洁的下降笔。

很多时候，大级别的笔会忽略小级别上的变动，但往往是这些做法会为操作带来一些便利。

人们的情绪通常都不是稳定不变的。当操作某级别趋势的时候,情绪也很容易受到影响,而为了避免情绪受到该级别忽高忽低走势的干扰,可以将级别上升,忽略小级别的波动,选择操作大级别的笔。当大级别走势出现分型的时候,可以下降级别去观察细部,以确认该分型是中继分型还是真正的分型。

投资者要熟练使用不同级别的操作,根据股市发展的情况和自身实际情况来分析判断选择的级别操作。若是在小级别的时候出现了警告,那么投资者就要提高警惕;但若是放大级别来看,这个警告可能只是一个小的波动,不会造成实质性的影响。

4.5 笔的力度

笔是有力度的,可以说笔的方向与力度共同反映了股票市场上多空双方的力量强弱对比和多空双方力量的悬殊程度。

4.5.1 笔的方向

笔是具有方向的,股票市场上多空双方力量的强弱对比,直接反映为笔的方向,如果是股市中某一阶段的上升笔,则这一阶段的多方力量强于空方力量;如果是股市中某一阶段的下降笔,则这一阶段的空方力量远强于多方力量,如图4-7所示。

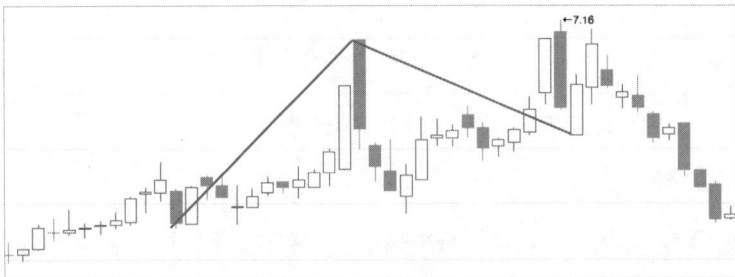

图4-7 股市中笔的方向

4.5.2　笔的力度

　　继"笔的方向"之后就是"笔的力度"。何为笔的力度？股票市场上多空双方力量的悬殊对比，直接反映为笔的力度。如果是股市中某一阶段的较强的上升笔，则这一阶段的多方力量远强于空方力量；如果是股市中某一阶段较强的下降笔，则这一阶段的空方力量强于多方力量。

　　如前文所述，笔的方向和笔的力度都是股市上多空双方强弱力量对比之后的情况。是股市的直接反映。一般来说，为便于分析，将笔和趋势方向一致的称为推动笔，将笔和趋势方向不一致的称为调整笔。

1. 推动笔的力度

　　这里以上升笔为例，阐述笔的力度。衡量推动笔的力度主要参考四个因素，分别是点位、幅度、斜率和复杂度。

　　（1）点位

　　能突破阻力位的推动笔力度强，不能突破阻力位的推动笔力度弱。

　　（2）幅度

　　幅度大的推动笔力度强，幅度小的推动笔力度弱。走势强的股票，往往后面易涨难跌，涨幅大，调整极其有限。这种现象就是"幅度大的推动笔力度更强"这一论断的直接体现。

　　（3）斜率

　　斜率大的推动笔力度强，斜率小的推动笔力度弱。在实际操作时往往会看到，有的股票简单地沿着5日均线一直往上冲，一般来讲，这种推动笔的斜率较大，因而力度也比较大。

　　（4）复杂度

　　走势形态较为简单的推动笔力度强，走势形态复杂的推动笔力度弱。

2. 调整笔的力度

　　影响调整笔力度的主要因素与推动笔相同，都是点位、幅度、斜率和复杂度，但调整笔力度的强度与推动笔刚好相反。

（1）点位

跌破支撑位的调整笔力度是最弱的，如果后面的反抽不能站到推动笔的极限位置，则此调整笔为转化下跌趋势的推动笔。若是不能跌破支撑位，则调整笔力度较强。

（2）幅度

调整笔的幅度越小，力度越强；调整笔的幅度越大，力度越弱。一般来说，前面推动笔的30%、50%、60%、100%等位置，就是对调整笔力度的最好描述。

（3）斜率

斜率越大的调整笔，力度越弱；斜率越小的调整笔，力度越强。

（4）复杂度

简单的调整笔力度强，复杂的调整笔力度弱。

对于推动笔来说，除了在该推动笔开始的那个分型区间，力度大的推动笔在本级别上的操作意义并不大，为了能够设置止损止盈，投资者可以选择下降分析的级别。而对于调整笔来说，在本级别上调整笔的结束，大多数情况代表本级别上要开始新一轮的推动笔。无论是推动笔还是调整笔，其运用都是要与具体股市图相结合的，不能草率使用。

4.6　笔的当下模式

一个最简单的笔，也往往包含许多道理和结论。其中，一个最显著又有用的结论就是："缠中说禅笔定理"，即任何的当下，在任何时间周期的K线图中，走势必然落在一个确定的具有明确方向的笔当中（向上笔或向下笔），而在笔当中的位置，必然只有两种情况：一、在分型构造中；二、分型构造确认后延伸为笔的过程中。笔的不同当下模式具有不同的市场含义。

从这个结论可以看出,对于当下任何的走势,在任何的一个时间周期里,我们都可以用两个变量构成的数组精准地定义当下的走势。第一个变量,只有两个取值,不妨用1代表向上的笔,-1代表向下的笔;第二个变量也只有两个取值,0代表分型构造中,1代表分型确认延伸为笔的过程中。通过简单的论述方法,不难得出以下组合方式,即(1,1)(-1,1),(1,0)(-1,0)。

我们用简单的图像来表达具体的组合方式,如图4-8所示。

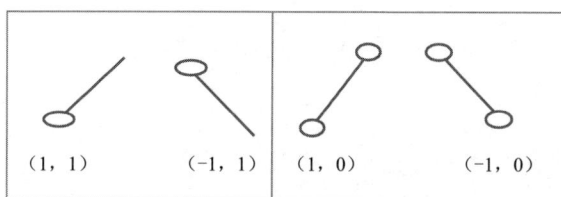

图4-8　笔当下模式的组合

图4-8中的椭圆代表顶分型和底分型,连接椭圆的为一笔。(1,1)代表着一个向上的笔在延伸中,(-1,1)代表向下的笔在延伸中,(1,0)代表向上的笔出现顶分型结构的构造,(-1,0)代表向下的笔出现底分型的构造。

4.6.1　当下走势(1,1)形式

当走势中出现(1,1)形式时,意味着股价处在上涨行情,顶分型还未形成,上涨继续保持。投资者可以根据实际行情,选择持股待涨。

如图4-9所示,走势在中高位后,多空双方竞争激烈,终于空方战胜多方,走势开始出现下跌,跌至最低点26.97元,后形成底分型。随后股价触底反弹,价格不断创下新高,代表新的一笔在上升,根据缠论,笔的状态可以用(1,1)进行表示。

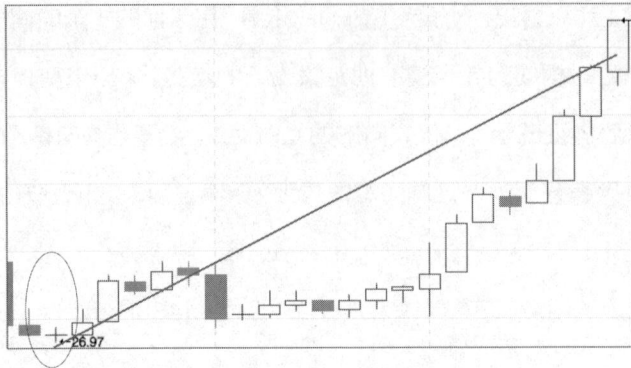

图4-9　股市中的 (1,1) 形式

4.6.2　当下走势 (−1,1) 形式

当走势中出现 (−1，1) 形式时，意味着股价处在下跌行情，底分型还未形成，下跌继续保持。投资者可以根据实际行情，选择适当减仓。

如图4-10所示，走势达到最高点后，形成顶分型，后走势空方战胜多方，走势开始出现下跌，根据缠论，笔的状态可以用 (−1，1) 进行表示。

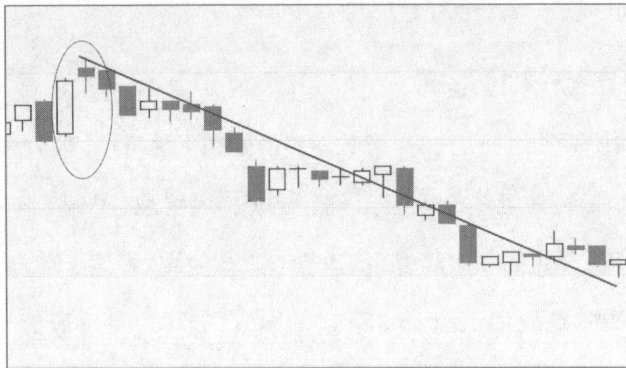

图4-10　股市中的 (−1,1) 形式

4.6.3　当下走势 (1,0) 形式

当走势中出现 (1，0) 形式时，意味着顶分型即将形成，上涨将要持续，股价终将随着顶分型的出现而见顶回落。投资者可以根据实际行情，选择适当减仓。

如图4-11所示，走势在高位后，多空双方竞争激烈，终于空方战胜多方，走势开始出现下跌，下跌时出现底分型后股市开始回升，价格创出新高，直到出现顶分型，也就是向上的笔出现了顶分型。根据缠论，笔的状态可以用(1,0)进行表示。

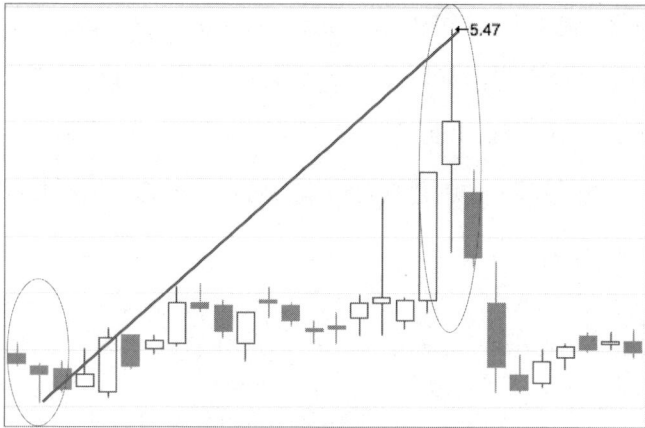

图4-11　股市中的(1,0)形式

4.6.4　当下走势(−1,0)形式

当走势中出现(−1, 0)形式时，意味着底分型即将形成，下跌将要持续，股价终将随着底分型的出现而触底回升。投资者可以根据实际行情，选择适当建仓。

如图4-12所示，走势在高位时出现顶分型，之后多空双方竞争激烈，终于空方战胜多方，走势开始出现下跌，下跌时出现底分型，也就是向下的笔出现了底分型。根据缠论，笔的状态可以用(−1, 0)进行表示。

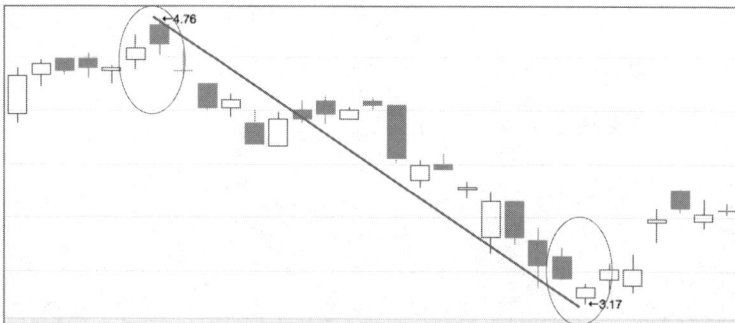

图4-12　股市中的(−1,0)形式

4.6.5 笔四种当下模式的组合

缠中说禅中谈道：在任何的当下，都只有前面说的这四种状态，这四种状态描述了所有的当下走势。更为关键的是，这四种状态是不能随便连接的。

1.（1,1）之后绝对不会连接（-1、1）或者（-1,0），唯一只能连接（1,0）

如图4-13所示，走势在跌至低点时出现了底分型，此时多方战胜空方，随后股价开始反弹，在反弹初期出现了（1,1）的形式后股市继续上涨，终在13.76元处达到最高点，形成顶分型，也就是向上的笔出现了顶分型，形成（1,0），即（1,1）之后只能连接（1,0）。

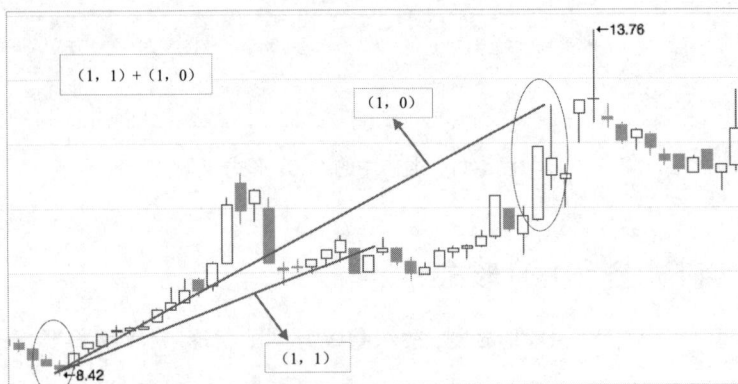

图4-13 股市中的（1,1）+（1,0）形式

2.（-1,1）只能连接（-1,0）

如图4-14所示，走势在上涨至高点时出现了顶分型，随后多空双方激烈争夺，空方战胜多方，股价开始下跌，在下跌初期出现了（-1,1）的形式后股市继续下跌，不久便出现了底分型，也就是向下的笔出现了底分型，形成（-1,0），即（-1,1）之后只能连接（-1,0）。

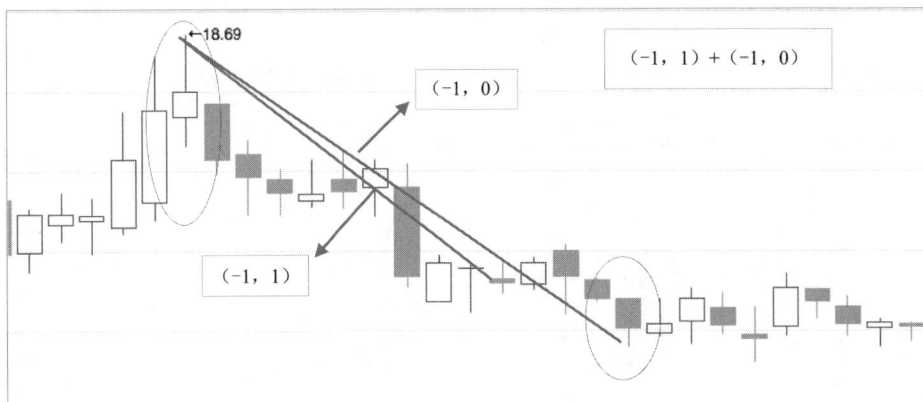

图4-14　股市中的(-1,1)+(-1,0)形式

3. (1,0)可连接(1,1)或(-1,1)

如图4-15所示,走势在跌至低点时出现了底分型,此时多方战胜空方,随后股价开始反弹,在反弹初期出现了顶分型,也就是向上的笔出现了顶分型,形成(1,0)的形式。

随后股市继续上涨,原笔继续延伸,形成(1,1)。也就是说,(1,0)之后能连接(1,1)。

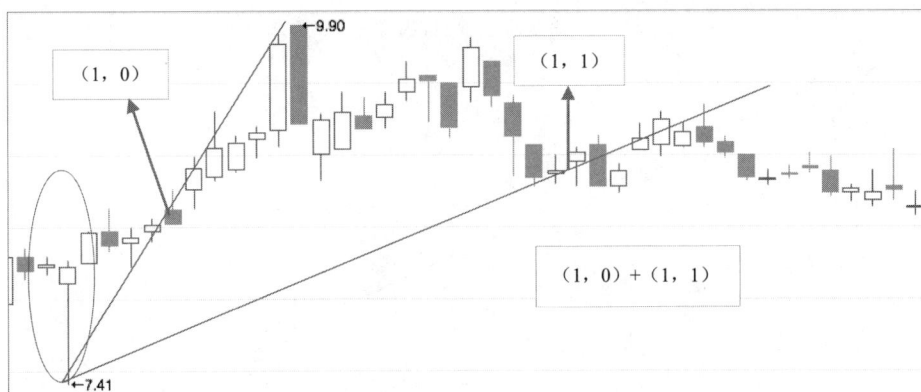

图4-15　股市中的(1,0)+(1,1)形式

如图4-16所示,走势在跌至低点时出现了底分型,此时多方战胜空方,随后股价开始反弹,股价一路上涨,达到10.47元的最高点,此时出现了顶分型,表明

原向上的笔出现了顶分型,形成(1,0)的形式。

随后空方战胜多方,股价终究出现下跌,表明原笔结束,而向下的新笔正在构造中,形成(-1,1)。即(1,0)之后能连接(-1,1)。

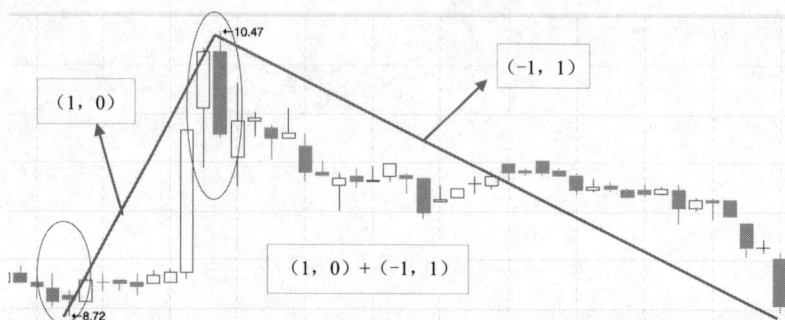

图4-16　股市中的(1,0)+(-1,1)形式

4. (-1,0)可连接(-1,1)或(1,1)

如图4-17所示,走势在上涨至最高点4.60元,出现了顶分型,随后多空双方激烈争夺,空方战胜多方,股价开始下跌,表明原向下的笔出现了底分型,形成了(-1,0)的形式。

但随后股市继续下跌,形成(-1,1)。

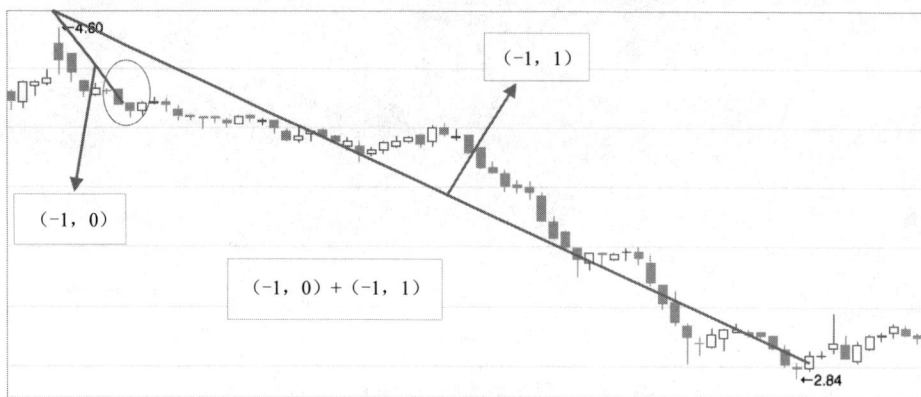

图4-17　股市中的(-1,0)+(-1,1)形式

如图4-18所示,走势在上涨至最高点4.76元,出现了顶分型,随后多空双方

激烈争夺, 空方战胜多方, 股价开始下跌, 跌至最低点3.17元, 形成底分型, 表明向下的笔出现了底分型, 形成(-1, 0)。

之后股价反弹上涨, 原笔结束, 而向上的新笔正在构造之中, 形成(1, 1)。

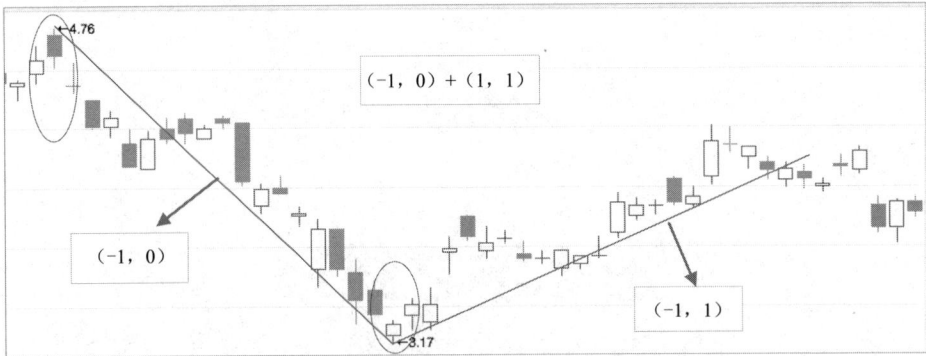

图4-18　股市中的 (-1,0) + (1,1) 形式

笔的"(1, 1)、(-1, 1)、(1, 0)、(-1, 0)"这四种形式, 代表了任何当下中笔的状态。在分析K线图时, 投资者可以根据这四种状态来描述当下走势的所有情况, 再根据实际情况进行建仓或者减仓。

第5章

形态学之线段

———————◦————————————————◦———————

　　分型构成笔，笔构成线段，线段是在笔的基础上提出的
又一重要概念，是更大规模的缠论形态。

　　笔构成线段，这种构成结构使得线段的稳定性非常强，
可以为我们股票操作提供更多有价值的信息和参考。

　　中枢是缠论理论的精华，而线段是构成中枢的重要因素，
线段划分判断中枢至关重要。因此，线段在缠论的学习中有着
非常重要的地位。

5.1　线段与笔的关系

缠论中给出了线段的相应定义：连续三笔间如果存在重叠部分，连接起点和终点的线就是线段。线段的前三笔必须有重叠部分，这是形成线段的必要条件，否则不能称其为线段。线段中最少的笔数为三笔。三笔构成的线段是最简单的线段，是线段最基本的形态。

线段可视为无内部结构的次级别走势，对判断股市行情有着非常重要的作用。缠论中曾写到："一切走势简化就是线段的连接。"根据线段构成中笔的数量，可以将其分为线段的简单形态和线段的复杂形态。

如果说三根K线的相互作用就可以决定一笔的转折，那么一个线段的转折与破坏，同样需要三个特征序列分型的相互作用。这样给市场交易双方足够的时间去应对，从而体现出合力痕迹，具有一定的延续性。

前文提到，一个线段至少由三笔组成，这也使得转折后的新线段同样可以让合力得到充分体现，对比这两个不同方向的线段，买卖双方在相应时间内的心理、实力对比，就比较清楚、一目了然。

从线段的定义可以看出，线段形成的基本条件有三条。

条件一：线段必须由三笔或三笔以上构成，分为两种，其一，从向上一笔开始的；其二，从向下一笔开始的。

条件二：组成线段的笔的数量必须大于或者等于三，且为奇数，否则不能称作线段。

条件三：组成线段的前三笔必须有重叠的部分，否则不能称作线段。

如果线段从上升笔开始，以上升笔结束，则此类线段被称为上升线段；如果线段从下降笔开始以下降笔结束，则此类线段被称为下降线段。

5.2 线段的形态

根据线段构成中笔的数量, 可以将线段分为两种形态来具体分析, 一种是线段的简单形态, 另一种是线段的复杂形态。

5.2.1 线段的简单形态

线段的简单形态, 即线段的最基本形态, 由三笔构成, 且三笔之间存在重叠部分。通过该特征, 我们在实战中就可以发现线段, 从而进一步分析推断当下的价格走势与运行趋势。同时从构成线段第一笔的方向, 可以判断线段的方向。如果构成线段的前两笔都是向上的, 那么这个线段就被称为向上线段; 如果构成线段的前两笔都是向下的, 那么这个线段就被称为向下线段。

线段的简单形式虽然只由三笔构成, 但是也要比笔、分型等具有更大的规模, 这种缠论形态对掌握股票形式很有利。因此, 我们不能忽略线段的简单形态, 这种简单形式也同样具有很大的能量, 值得深入探讨。

缠中说禅线段分解定理: 线段被破坏, 当且仅当至少被有重叠部分的连续三笔的其中一笔破坏。而只要构成有重叠部分的前三笔, 那么必然会形成一个线段。换言之, 线段破坏的充要条件, 就是被另一个线段破坏。所以我们在操作的过程中一定要注意判断是否为真正的线段, 否则很容易出现判断失误和投资失误。

1. 向上线段形态解析

（1）向上线段中存在两笔是向上的, 一笔是短暂回落的, 三笔形成了最简单的向上线段, 三笔当中有向上也有向下, 意味着股票价格有高有低, 为我们进行短线操作提供了相应的机会。

（2）价格整体呈上涨趋势。向上线段中, 虽然价格有涨有跌, 但整体呈上涨走势。这意味着如果在向上线段形态出现迹象时买进, 在向上线段终点时卖出, 则能从中获得非常可观的差额收益。如果错过了最初的建仓机会也没关系, 股价回落中的一笔也是很好的投资建仓机会。

（3）如图5-1所示，左侧图为向上线段的简单形态，该线段由向上笔1、向上笔3和向下笔2构成最简单的向上线段形态，其中第一笔的开端底分型的底通常就是理想的买入点，而股价反弹上涨时的高点为理想的卖点，随后跌至低点，又为我们提供了新的建仓机会。

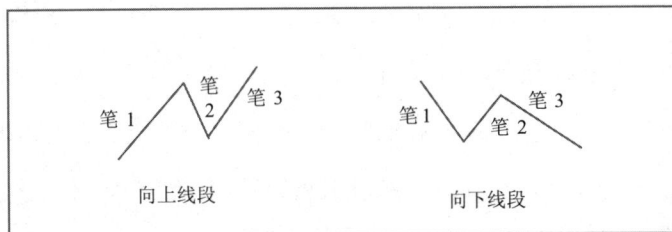

图5-1　线段的简单形态

2. 向下线段形态解析

（1）向下线段是由两笔向下的和一笔反弹向上的笔构成，三笔形成了最简单的向下线段，同向上线段一样，三笔当中有向上的、有向下的，表明股价有高有低，同样为我们进行短线操作提供了机会。

（2）价格整体呈下跌趋势。向下线段中，虽然价格有涨有跌，但整体呈下跌走势，这意味着如果在向下线段形态出现迹象时高位卖出，在向下线段终点时低价建仓，则可以从中获得不菲的差额利润。如果错过了最初的减仓机会也没关系，股价反弹上涨中的一笔也是很好的减仓机会。

（3）如图5-1所示，右侧图为向下线段的简单形态，该线段由向下笔1、向下笔3与向上笔2共同构成了最简单的向下线段形态，其中第一笔的开端顶分型的顶通常就是理想的卖点，也就是减仓点，而股价反弹上涨时的高点也是理想的卖点。

5.2.2　线段的复杂形态

线段的简单形态由三笔构成，但是在实战当中，三笔以上构成的线段也非常常见，如五笔、七笔等，使得线段形态非常复杂，这就是我们所说的复杂形态。在实战当中，有些笔能量较小，尤其是双向波动幅度较大的股价震荡期间，价格差额很小，为我们的分析带来了很大的难度，因而引入线段的复杂形态这一概念，极大地简化分析的难度和量。将复杂形态简单化，这对于我们分析价格趋势、判断运行走势等有很大的帮助。

同线段的简单形态一样，线段的复杂形态可以分为向上线段的复杂形态和向下线段的复杂形态，如图5-2所示。在分析过程中，应该区分对待。如向上线段的复杂形态，可将最初的向上笔和最后的向下笔视为两笔，而中间出现的其他笔可简略视为1笔，从而可以像分析线段的简单形态那样分析，极大地减少了我们的工作量，同时也能确保线段的能量力度，对结果影响不大，依然可以确保结果可靠。

1. 向上线段的复杂形态

（1）不管线段形态多复杂，在向上线段当中必然存在向上的两笔，在向上的两笔之间可以有很多笔，向下的一笔可以有一笔，构成线段最基本的形态；也有可以有很多笔，构成线段的复杂形态。

（2）价格虽然有震荡，但整体走势是上涨的。向上线段最初的一笔为向上的，是我们判断行情的重点，也是实战当中买点的重要判断标志。由于价格整体是上涨的。因此，完成向上线段的过程再复杂，整体仍处于上升趋势，这对于我们判断买卖点有很大帮助。

（3）如图5-2所示，左侧图为向上线段的复杂形态，在分析过程中，可将第1笔与第5笔视为构成向上线段的两笔，将这两笔间的其他笔也视为一笔，从而组成构成向上线段的三笔，简化分析，降低难度与工作量。其实，在向上线段当中，虽然中间可能出现多笔,但由于其能量较小,对股价走势影响较小,即使将其视为一笔,对该段行情的分析与研判也不会受到太大影响。

2. 向下线段的复杂形态

(1)即使再复杂的向下线段也必然会存在向下的两笔,在向下的两笔间有很多笔,上升笔可以有一笔,构成线段最基本的形态;可以有很多笔,构成线段的复杂形态。

(2)价格虽然有震荡,但整体上呈下跌趋势。向下线段的最初一笔为向下的,是我们分析行情的依据,也是实战过程中卖点选择的重要依据。由于价格整体是下跌的,因此,完成向下线段的过程再复杂,也无法摆脱股价下跌这一大趋势,这对我们判断买卖点非常有帮助。

(3)图5-2中,右侧图为向下线段的复杂形态,在分析过程中,可以将第1笔与第5笔视为构成向下线段的两笔,将这两笔间的其他笔也视为一笔,组成构成向下线段的三笔,从而简化分析、降低难度、减少工作量。其实在向下线段中,虽然中间可能出现多笔,但由于其能量较小,对股价走势影响较小,即使将其视为一笔,也不会影响我们对该段行情的分析。

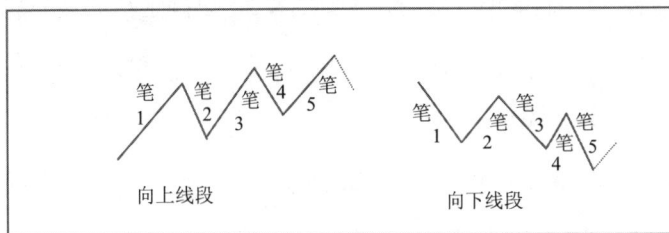

图5-2　线段的复杂形态

5.3　线段划分标准的再分辨

本节介绍线段的划分标准。

5.3.1　线段的划分标准

线段的划分与笔的划分有相似之处，但也有非常明显的区别。用S代表向上的笔，X代表向下的笔，那么所有线段都可以归结为两种：一是以向上笔开始的线段，二是以向下笔开始的线段。

我们以向上笔开始的线段为例，明确线段划分的标准。而讨论线段特征序列的前提，是已经正确划分了分型和笔。

以向上笔开始的线段，可以用笔的序列表示：$S_1X_1S_2X_2S_3X_3\cdots S_nX_n$。容易证明，任何$S_i$与$S_{i+1}$之间，一定有重合区间。而考察序列$X_1X_2\cdots X_n$，该序列中$X_i$与$X_{i+1}$之间并不一定有重合区间，因此，这一序列更能代表线段的性质。

其定义为序列$X_1X_2\cdots X_n$称为以向上笔开始的线段的特征序列；序列$S_1S_2\cdots S_n$称为以向下笔开始的线段的特征序列。特征序列两相邻元素间没有重合区间，称为该序列的一个缺口。

关于特征序列，若把每一元素看成一根K线，那么，如同一般K线图中找分型的方法，也存在所谓的包含关系，也可以对此进行非包含处理。经过非包含处理的特征序列，称为标准特征序列。

参考我们之前提到的顶分型与底分型定义，可以确定特征序列的顶和底。但是值得注意的是，以向上笔开始的线段的特征序列，只考察顶分型；相反，以向下笔开始的线段，只考察底分型。

在标准特征序列中，构成分型的三个相邻元素，只有以下两种可能。

第一种情况：在特征序列的顶分型中，第一和第二元素间不存在特征序列的缺口，那么该线段在该顶分型的高点处结束，该高点是该线段的终点；在特征序列的底分型中，第一和第二元素间不存在特征序列的缺口，那么该线段在该底分型的低点处结束，该低点是该线段的终点。

第二种情况：在特征序列的顶分型中，第一和第二元素间存在特征序列的缺口，如果从该分型最高点开始的向下一笔开始的序列的特征序列出现底分型，那么该线段在该顶分型的高点处结束,该高点是该线段的终点;在特征序列的底分型中,第一和第二元素间存在特征序列的缺口,如果从该分型最低点开始的向上一笔开始的序列的特征序列出现顶分型,那么该线段在该底分型的低点处结束,该低点是该线段的终点。

强调一下,在第二种情况下,后一特征序列不一定封闭前一特征序列相应的缺口,而且第二个序列中的分型不分第一种和第二种情况,只要有分型就可以。

上面两种情况,就给出了所有线段划分的标准。显然,出现特征序列的分型,是线段结束的前提条件。

而包含关系的特征序列也分为不存在缺口和存在缺口两种情况。

第一种情况:不存在特征序列的缺口。

如图5-3所示,将第一笔和第二笔分别称为第一元素和第二元素,观察左图①,在特征序列的顶分型中,第一和第二元素间不存在特征序列的缺口,那么该线段在该顶分型的高点处结束,该高点是该线段的终点。所以,左图①为第一种情况特征序列顶分型。

同样,将第一笔和第二笔分别称为第一元素和第二元素,观察右图②,在特征序列的底分型中,第一和第二元素间不存在特征序列的缺口,那么该线段在该底分型的低点处结束,该低点是该线段的终点。所以,右图②为第一种情况特征序列底分型。

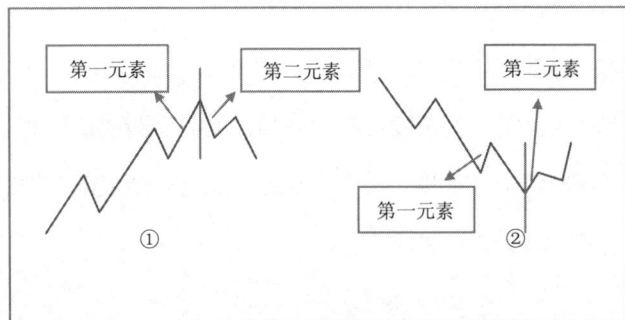

图5-3　不存在特征序列的缺口

第二种情况：存在特征序列的缺口。

观察图5-4中的③，在特征序列的顶分型中，第一和第二元素间存在特征序列的缺口，如果从该分型最高点开始的向下一笔开始的序列的特征序列出现底分型，那么该线段在该顶分型的高点处结束，该高点是该线段的终点。所以，图③为第二种情况特征序列顶分型。

观察图5-4中的④，在特征序列的底分型中，第一和第二元素间存在特征序列的缺口，如果从该分型最低点开始的向上一笔开始的序列的特征序列出现顶分型，那么该线段在该底分型的低点处结束，该低点是该线段的终点。所以，右图④为第二种情况特征序列顶分型。

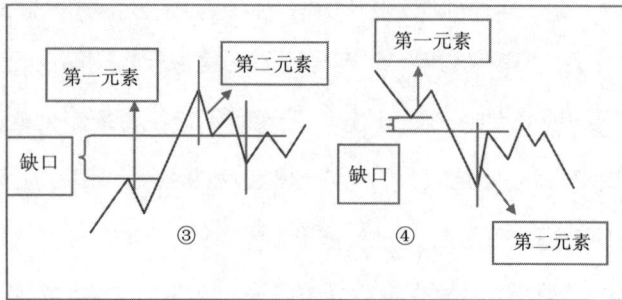

图5-4　存在特征序列的缺口

值得注意的是，若是特征序列中存在包含关系，则应按照包含关系进行处理，根据上面两种情况，就给出了所有线段划分的标准。显然，出现特征序列的分型是线段结束的前提条件。"线段破坏的充要条件就是被另一根线段破坏"。因此，以后关于线段的划分，都以此精确的定义为基础。

这个定义有点儿复杂，首先投资者要先搞清楚特征序列，其次搞清楚标准特征序列，然后是标准特征序列的顶分型与底分型。而分型又以分型的第一元素和第二元素间是否有缺口分为两种情况。

5.3.2 再分辨

虽然上一部分已经给出了线段的划分标准,但是相对来讲还是比较抽象,在这一部分将逐一进行再分辨。

首先要分辨的是特征序列中元素的包含关系。特征序列元素的包含关系,其前提是这些元素都在同一特征序列里,如果是两个不同的特征序列之间的元素,包含关系是没有讨论价值的。可以看到,特征序列的元素方向和其对应的段的方向是相反的。举例来说,一个向上段后面接一个向下段,前者的特征序列元素是向下的,后者是向上的,不可能存在包含关系。

为什么可以定义特征序列的分型呢?这是由于在实际分析判断过程中,在前一段没有被笔破坏的情况下,依然不能定义后特征序列的元素,这时可以存在前一特征序列的分型;当前一段被笔破坏时,最早破坏的一笔如果不是转折的第一笔,特征序列的分型结构也能成立,原因是在这种情况下,转折点前的最后一个特征序列元素与转折点后第一个特征元素之间一定有缺口,而且后者与最早破坏的那一笔不是包含关系,否则缺口不会封闭,破坏那一笔也不能破坏前一线段的走势。在这里可以明确一个逻辑关系,线段要被笔破坏,最后一个特征序列的缺口必须被封闭,否则就不存在被笔破坏的情况。

还有一种情况,即最早破坏那一笔就是转折点后的第一笔,这时这一笔如果后面延伸出称为线段的走势,这一笔便属于中间地带,既不属于前面一段的特征序列,也不属于后一段的特征序列,不管有没有出现似乎有特征序列的包含关系的走势都不算,因为这一笔不是严格属于前一段特征序列,属于待定状态,一旦该笔延伸出三笔以上,那么新线段就成立了,这个时候再讨论前一线段特征序列的包含关系就没有意义了。

总之,特征序列的元素要探讨包含关系,必须是同一特征序列的元素,否则没有意义。从转折点开始,一旦第一笔破坏了前线段,进而该笔延伸出三笔来,其中第三笔一定高于(或者低于)第一笔的顶点(或者底点),那么新线段一定成立，前线段一定结束。

比前文所述更复杂的情况也有，就是第三笔完全在第一笔的范围内，这时，这三笔就无法分出是向上还是向下，同时也就定义不了什么特征序列。出现这种情况的原因不难理解，因为特征序列和走势是相反的，走势没有方向，那么如何知道哪个元素属于特征序列呢？一般有两种结果，第一种是最终还是先破坏了第一笔的结束为止，旧线段被破坏，新线段成立；第二种是最终先破坏了第一笔的开始为止，这样旧线段只被一笔破坏，随后继续延续原来的方向，旧线段依然延续，没有新线段出现。

线段划分的判断标准只有一个，就是在特征序列分型中，第一和第二元素之间不存在特征序列缺口。从前文论述可知，分型结构中所谓特征序列的元素，通常是站在假设旧线段没有被破坏的角度说的，就像所有的分型一样，即使是一般的K线，都是前后两端走势的分水岭和连接点。这显然与包含关系不同，包含是对同一线段说的，分型必然是属于前后的。在这种情况下，在构成分型的元素当中，如果线段最终被破坏，那分型右侧的元素肯定不属于前后任意一段的特征序列。

举例来说，假设前一段是向上的，那么特征序列元素向下，顶分型的右侧元素，如果最终真满足破坏前线段的要求，那么后线段的方向就是向下的，特征序列则向上，而顶分型的右侧元素是向下的，那么很明显不属于后一段特征元素，该顶分型的右侧元素又属于后一段，就更不是前一段的特征元素了。因此，顶分型右侧的特征元素，只作为一般判断的预设，不一定属于任何的特征元素。

线段的划分其实并不难，可以通过以下流程：假设某转折点是线段的分界点，然后对此用线段划分的两种情况去反向考察是否成立，如果任意一种情况成立，那么这一点就是线段的分界点；如果都不成立，那旧的线段依然延续。

在特征序列的分型中，第一个元素是以该假设转折点前线段的最后一个特征元素，第二个元素是从转折点开始的第1笔。很明显，两者之间方向相同，如果两者之间有缺口，就是前面说的第二种结果；如果没有缺口，就是第一种结果。

另外需要注意一点,假设的转折点后的顶分型元素,是可以应用包含关系的。因为这些元素是同一性质的,也可能是原来线段的延续,自然可以考察包含关系。

5.4　线段被破坏后的形态

前文我们简单提起过线段被破坏的情况,本节将详细讨论线段被破坏后的形态。

5.4.1　线段被笔破坏

线段被笔破坏有两种情况,第一种是向上笔开始的线段,前高被跌破;第二种是向下笔开始的线段,前低被升破。

用线段的特征序列来进行阐述,判断是否被破坏,看最后一个特征序列的缺口是否被封闭即可,若是最后一个特征序列的缺口被封闭,就是笔破坏;若是最后一个特征序列的缺口没有被封闭,就不是笔破坏。

当前一条线段被笔破坏时,显然,最早破坏的一笔如果不是转折点开始的第一笔,那么特征序列的分型结构也能成立,因为在这种情况下,转折点前的最后一个特征序列元素与转折点后第一个特征元素之间肯定有缺口,而且后者与最早破坏那笔肯定不是包含关系,否则该缺口就不可能被封闭,破坏那笔也就不可能破坏前一线段的走势。

这里的逻辑关系是很明确的,线段要被笔破坏,必须是其最后一个特征序列的缺口被封闭,否则就不存在被笔破坏的情况。

观察图5-5中线段走势可以发现,因为笔d_1g_1为向上的,所以d_1g_2为向上线段。

笔$g_2\,d_3$是以g_2为起点的向下的一笔,但是d_3小于g_1,则向上线段d_1g_2被破坏,属于第一种情况,向上线段被笔破坏。

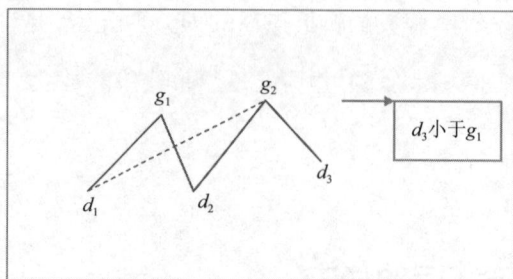

图5-5　向上线段被笔破坏

观察图5-6中线段走势可以发现，因为笔g_1d_1为向下的，所以g_1d_2为向下线段。

笔d_2g_3是以d_2为起点的向上的一笔，但是g_3大于d_1，则向上线段g_1d_2被破坏，属于第二种情况，向下线段被笔破坏。

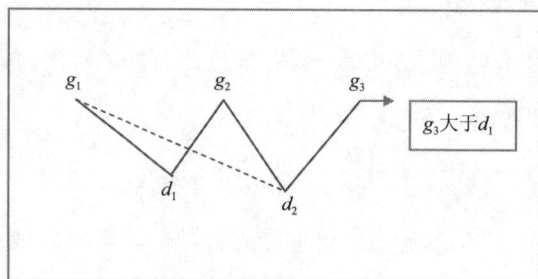

图5-6　向下线段被笔破坏

5.4.2　线段被线段破坏

线段分解定理指出：线段被破坏，当且仅当至少被有重叠部分的连续三笔的其中一笔破坏。而只要构成有重叠部分的前三笔，就必然会形成一条线段。换言之，线段破坏的充分必要条件，就是被另一条线段破坏。

现在只剩下最后一种情况，就是最早破坏线段的一笔就是转折点下来的第一笔。在这种情况下，这一笔后面如果延伸出成为线段的走势，那么这一笔就属于中间地带，既不能说是前面一段的特征序列元素又不能说是后一段的特征序列元素。

在这种情况下，即使出现似乎有特征序列包含关系的走势，也不能算是特征序列。因为，这一笔不是严格地属于前一段的特征序列，属于待定状态。一旦该笔延伸出三笔以上，那么新的线段就形成了，这个时候再谈论前一线段特征序列的包含关系就没有意义了。

总之，就是一句话，特征序列的元素要探讨包含关系，首先必须是同一特征序列的元素，这在理论上是十分明确的。

从上面的分析就可以知道，从转折点开始，如果第一笔就破坏了前一线段，进而该笔延伸出三笔来，其中第三笔破掉第一笔的结束位置，那么，新的线段一定形成，前线段一定结束。

也就是说，线段除了能够被笔破坏之外，还存在线段被线段破坏的情况。

1. 向上线段被向下线段破坏

从图5-7中线段走势可发现，因为d_1g_1为向上的一笔，所以d_1g_2为向上线段；因为g_2d_3为向下的一笔，所以g_2d_4为向下线段。

但是$d_3<g_1$，所以，原向上线段d_1g_2被新的向下线段g_2d_4破坏。

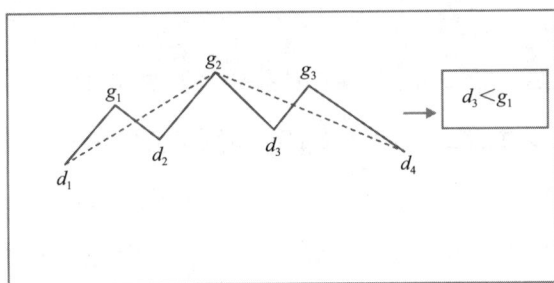

图5-7　向上线段被向下线段破坏

2. 向下线段被向上线段破坏

观察图5-8中线段走势可发现，因为g_1d_1为向下的一笔，所以g_1d_2为向下线段；因为d_2g_3为向上的一笔，所以d_2g_4为向上线段。

但是$g_4>g_1$，所以，原向下线段g_1d_2被新的向上线段d_2g_4破坏。

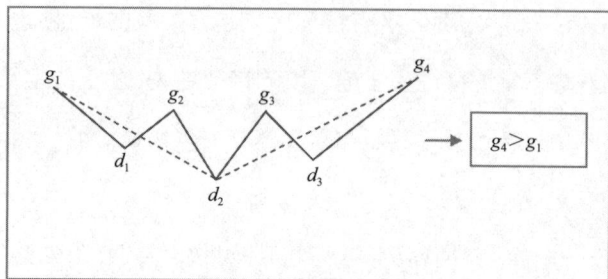

图5-8　向下线段被向上线段破坏

5.4.3　线段被破坏的复杂情况

线段被破坏还有更复杂的情况,就是第三笔完全在第一笔的范围内,这样这三笔就分不出是向上还是向下,这样也就定义不了什么特征序列,为什么?因为特征序列是和走势相反的,而走势连方向都没有,又怎么知道哪个元素属于特征序列?

而这种情况,无非有两种结果。

第一种:最终还是先破了第一笔的结束位置,这时候新的线段显然成立,旧线段还是被破坏了。

第二种:最终破了第一笔的开始位置,这样旧线段只被一笔破坏,接着就延续原来的方向,那么显然旧线段依然延续,新线段没有出现。

由此,分清楚是哪种情况,对划分线段十分关键。判断的标准只有一个,就是特征序列的分型中,第一和第二元素间不存在特征序列的缺口。

从前面的分析可以知道,这个分型结构中所谓特征序列的元素,其实是站在假设旧线段没被破坏的角度来说的。就像所有的分型一样,就算是一般K线的分型,都是前后两段走势的分水岭、连接点。

这和包含的情况不同,包含的关系是对同一段说的,而分型必然是属于前后两段的,这时候在构成分型的元素里,如果线段被最终破坏,那么后面的元素肯定不是特征序列里的。也就是说,这时候分型右侧的元素肯定不属于前后任何一段的特征序列。

判断线段被破坏的复杂情况，其实就是前文讲到的逻辑，如果前一段是向上的，那么特征序列元素是向下的。在顶分型的右侧元素，如果最终满足破坏前线段的要求，那么后线段的方向就是向下的，特征序列是向上的。而顶分型的右侧元素是向下的，显然不属于后一段的特征元素，而该顶分型的右侧元素又属于后一段，那么显然更不是前一段的特征元素。

最后，还要强调一下包含的问题，从上面的分析可以知道，在这个假设的转折点前后那两个元素，是不存在包含关系的。因为这两者已经被假设不是同一性质的东西，不一定是同一特征序列的；但假设的转折点后的顶分型的元素，是可以应用包含关系的。为什么？因为这些元素间肯定是同一性质的东西，或者就是原线段的延续，那么就是原线段的特征序列元素，或者就是新线段的非特征序列元素，反正都是同一类的东西。同一类的东西，当然可以考察包含关系。

5.5　线段的力度与强弱的判断

同笔与分型的力度一样，线段也是有力度的。在股市图中，线段的力度相比较于分型的力度和笔的力度来讲会更直观，更容易观察。

观察股市图中的线段，不难发现即便是两个同样向上的线段，有的线段涨幅较大，上涨速度较快，有的线段涨幅较小，上涨速度较慢。

这里以向上线段为例对上升线段力度的强弱进行解析。而下降线段力度的强弱则需要反向思考即可。

5.5.1　越是简单的线段，其力度越大

上升线段力度的强弱有几个特点。

特点一：越是简单的线段，其力度越大；

特点二：经过复杂走势的线段，其力度越大；

特点三：线段后续不出现笔，其力度越大。

下面对线段力度强弱的这三点特征进行解释。

越是简单的线段，其力度越大，这个特征是线段力度强弱的最基本特征。股市图中，很多时候，简单的线段和复杂的线段代表着不同的含义。简单的线段表明多空争夺并不激烈，股市后市走势的发展较为稳定，线段其后的走势往往幅度大，力度强；复杂的线段表明多空争夺激烈，即使后面有较大的涨跌空间，也要经历一番较量。可以看出简单线段的特征和含义与复杂线段的特征和含义恰恰相反。

5.5.2 经过复杂走势的线段，其力度越大

股市中的线段会出现各种复杂形态，很多时候，多空双方暗地里产生激烈较量，便从线段中表现出来。

而所有的复杂形态，无非是多空平衡的产物。多空平衡意味着无方向，特别是波动幅度较小的形态，是没有参与价值的。

股市被打破的两个方向，一是按照原线段的方向继续前进；二是打破原线段，向反方向突破。但线段无论是走向哪个方向，其后的走势力度都会大大增强。

股市中的线段出现的中枢形态，很多时候，多空双方暗地里产生激烈较量。由定义可知，在此形态之后，多空平衡意味着无方向，特别是波动幅度较小的形态。

5.5.3 线段后续不出现笔，其力度越大

什么是线段后续不出现笔？就是线段的回调不出现笔破坏，在上升线段中，调整笔跌破前面主升笔的高点；在下降线段中，调整笔升破前面主升笔的低点。

综合而言，出现笔破坏，走势中笔后续的线段力度较弱；不出现笔破坏，走势中笔后续的线段力度较强。同时，笔破坏的幅度越大，力度越弱；幅度越小，力度越强。若是以特征元素包含的方式出现笔破坏，力度则是最弱的。

关于特征序列包含，如果是在上涨趋势中，意味着调整笔跌破前低；如果是在下跌趋势中，意味着调整笔升破前高。

上述判断线段力度强弱的三个方面，只是介绍一些操作经验仅供投资者参考，不能作为重要判断的证据。投资者在选择操作股票时，可以选择介入线段力度大的股种，且力度越大越好。

第6章

形态学之走势中枢

中枢是缠论中的一大特色，是缠中说禅有别于技术分析理论的一个标志。博主认为中枢其实就是买卖双方反复较量的过程，中枢越简单，则表明其中一方的力量越强大，中枢的复杂程度，是考察市场最终动向的一个很重要的依据。

6.1　笔、线段与中枢

缠论之"缠"，即股市图中的价格重叠区域，也是买卖双方阵地战区域，此区域就是中枢。而研究缠论中的中枢，就是对价格的基本走势和复杂的价格变化做一个深入地分析，只有深入地进行分析，才可更加准确的确认股市图中某只股票的交易机会。

6.1.1　中枢的概念

按照缠论的逻辑，继最小级别分型与笔，以及由分型和笔共同组合而成的线段之后，就是对中枢的释义。

博主认为中枢其实就是买卖双方反复较量的过程，中枢越简单，则表明其中一方的力量越强大，中枢的复杂程度是考察市场最终动向的一个很重要的依据。一个超复杂的中枢完结后，就算是某一方赢利，后续走势中也会经常反复不断。但不管中枢形态简单还是复杂，都可从中分析当下的行情，明确买卖点，把握交易机会。

关于走势中枢概念的界定，缠论中稍微出现了一个逻辑上的错误，即犯了循环定义的错误。但是这并不耽误我们学习缠论。为了深入研究这个复杂的问题，必须先引入走势中枢的概念：即某级别走势类型中，被至少三个连续次级别走势类型所重叠的部分，称为走势中枢。换言之，走势中枢就是由至少三个连续次级别走势类型重叠部分构成。这里有一个递归的问题，就是这次级别不能无限下去，就像有些所谓的"专家"说的什么"一分为二"，而"分"不是无限的，按照量子力学，物质之分是有极限的，同样，级别之次也不可能无限。而实际上，对最后不能分解的级别，其走势中枢就不能用"至少三个连续次级别走势类型所重叠"定义，而定义为至少三个该级别单位K线重叠部分。

这里我们重新定义中枢的概念，即某级别走势类型中，被至少三个连续次级线段所重叠的部分，称为走势中枢。具体以前三个连续次级别线段的重叠为准，中枢区间为前三个连续次级别线段的重复部分。

中枢形态可以出现在上涨趋势中，也会出现在下跌趋势中，或者是盘整趋势中。但不管在哪个部位出现中枢，都有其积极意义，可帮助我们发现交易机会，提升赢利空间。

6.1.2　笔、线段与走势中枢的关系

中枢是缠论中的一大特色，是缠中说禅有别于技术分析理论的一个标志。笔构成线段，线段能构成走势，是走势的元素之一。笔与线段共同组合成走势中枢，但笔不能直接构成中枢。

为什么不能由笔构成最小中枢？在博主看来，这不是一个问题，因为实质上，我们可以设计这样的程序，也就是用笔当成构成最小中枢的要件，但这样构造出来的系统，其稳定性极差。

具体来说，主要有以下两点原因。

其一，笔的基础是顶分型和底分型，而一些瞬间的交易，足以影响其结构。例如，突然有人打错单，那么全天走势的分析就大变样了。

其二，由线段构成最小中枢，则不存在这个问题。为什么？一个线段的改变，不会因为一个偶尔一笔的错误而改变，也就是说，线段受偶然性的影响比较小。

从心理上看，偶然因素是允许发生的，只要不被再次确认，就证明偶尔因素对原来的心理合力没有太大的影响，反过来确认了该合力的有效性。所以，线段破坏本身，其实就反映着一种微妙的心理结构的变化。

特征序列分型的引入，本质上就是去勾勒这种心理结构的变化。就像一般的分型，三次确认才能构成，特征序列的分型，本质上也是一样的，这样的确认，其有效性就极大地增加了。由此构成最小中枢的零件才是合适的。

如果说三根K线的相互作用就可以决定一笔的转折，那么一个线段的破坏和转折，就需要三个特征序列分型的相互作用，这样，市场买卖双方都有足够的时

间去反应，从而使得体现出的合力痕迹，当然就具有了一定的延续性。

而一个线段至少由三笔组成，这也使得转折后的新线段同样可以让合力得到充分体现，而对比这两个不同方向的线段，买卖双方在相应时间内的心理、实力对比，就一目了然了。

更为重要的是，线段破坏的两种方式是有着很大的心理面不同的。下面我们将进行逐一分析。

第一种方式：第一笔攻击就直接攻破上一段的最后一次打击，证明这反攻的力量是有力的；再回来一笔，代表着原方向力量的再次打击，但反攻力量扛住并再次反攻形成特征序列的分型，这就证明，这次反攻至少构造了一个停歇的机会；最坏的情况，就是双方都稍微冷静一下，去再次选择攻击的方向。而这就恰好构成了最小中枢形成的心理基础。

而且，在同一趋势中，相邻两中枢的复杂程度、形态，经常会有所区别。为什么？人都有提前量，而提前量经常就是找最近的模本去抄袭。这样等于在买卖的合力中，都加了一个提前的变量，从而造成整个结构的变化。

第二种方式：此方式本质上是以时间换空间，反攻开始的力量很弱，需要慢慢积累，这一方面代表原方向的力量很强；另一方面又要密切关注是否会形成多米诺骨牌效应，也就是开始的反攻力量很小，却能迅速蔓延开，这往往证明市场原方向的分力，其结构具有趋同性，一旦有点儿风吹草动，就会集体转向；这种现象在投机性品种中经常能看到，而趋同性，对于一般性品种来说，往往意味着庄家控盘程度较高。

一些猛烈上涨或下跌的股票，往往由于一个1分钟的小顶分型就引发大跳水或大反弹，其原因就是这种分力的趋同性所引发的多米诺骨牌效应。一般来说，这种第二类的线段破坏，一旦出现多米诺骨牌效应，至少要回到前一高、低点范围内，这就是市场上冲顶和赶底时发生的V字形走势。

分力的趋同性所引发的多米诺骨牌效应，基本上就是表现为所谓的多杀多、空杀空。特别在一些大的趋势之后，市场的力量一边倒，如果这时候突然来一个加速，一旦逆转，就会发生典型的多杀多、空杀空现象。

6.2　走势中枢与走势类型

前文介绍了走势中枢的概念，这里为加深读者的印象，再次引入走势中枢的定义。

6.2.1　走势中枢

走势中枢，即某级别走势类型中，被至少三个连续次级别走势类型所重叠的部分，称为走势中枢。换言之，走势中枢就是由至少三个连续次级别走势类型重叠部分构成。

如图6-1所示，该走势类型中，出现了至少三个连续次级别走势类型所重叠的部分，则称为走势中枢。

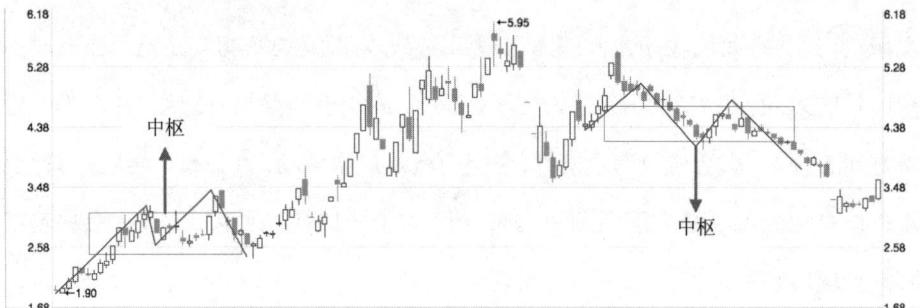

图6-1　中枢

6.2.2　走势类型

下面介绍走势类型。所有走势都可以分解成下面这三种情况。首先必须明确的是，所有上涨、下跌、盘整都建立在一定的周期图表上。

1. 上涨

最近一个高点比前一个高点高，且最近一个低点比前一个低点高。在任何级别的走势中，某完成走势类型包括两个或者两个以上依次方向向上的走势中枢，则将这段走势称为上涨走势。

如图6-2所示，走势类型中出现了中枢A与中枢B。从中枢A与中枢B的出现顺序和方向上来看，中枢A先于中枢B出现，且中枢A与中枢B方向向上，构成上涨走势。

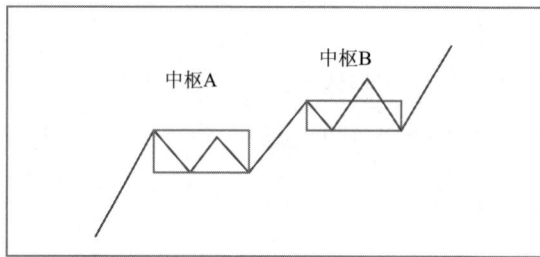

图6-2　上涨走势

在实际股市分析中，应等上涨走势完成后，再进行分析。

如图6-3所示，在走势中出现了两处中枢，即中枢A和中枢B，根据中枢A和中枢B的位置来看，可以看到最近一个高点比前一个高点要高，最近一个低点比前一个低点要高，且两个中枢依次出现，方向向上，因此投资者可以确认该完成走势为上涨走势。

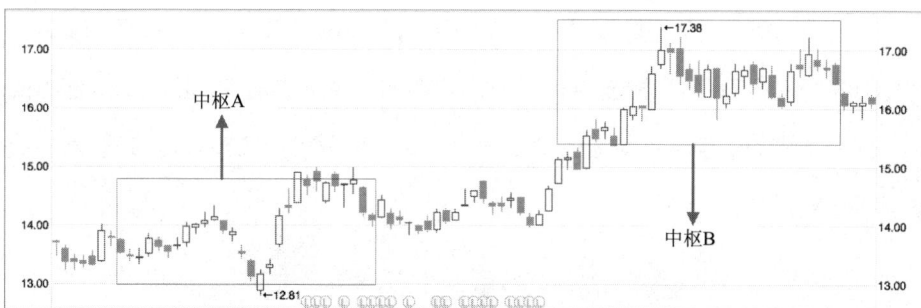

图6-3　股市中的上涨走势

观察图6-3可知，出现了理想的买点，但是投资者是否能够把握住，确实十分重要。如在中枢A处结束后，就会明确行情仍会继续上涨，可择机建仓。介入时间越早，则获利越丰厚。如果不能赶上最理想的买点，也可以选择在后续的行情中陆续买进，但相比理想买点的利润要少很多。

2. 下跌

最近一个高点比前一个高点低，且最近一个低点比前一个低点低；在任何级别的走势中，某完成走势类型包括两个或者以上依次方向向下的走势中枢，则将这段走势称为下跌走势。

如图6-4所示，走势类型中出现了中枢A与中枢B。从中枢A与中枢B的出现顺序和方向上来看，中枢A先于中枢B出现，且中枢A与中枢B方向向下，构成下跌走势。

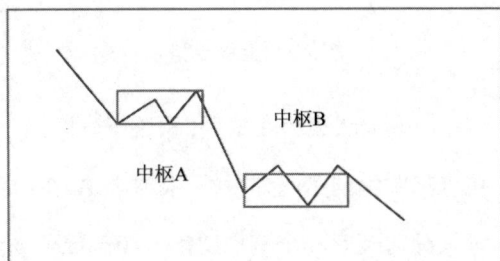

图6-4　下跌走势

在实际股市分析中，应等下跌走势完成后，再进行分析。

如图6-5所示，在走势中出现了两处中枢，即中枢A和中枢B，根据中枢A和中枢B的位置来看，可以看到最近一个高点比前一个高点要低，最近一个低点比前一个低点要低，且两个中枢依次出现，方向向下，因此投资者可以确认该完成走势为下跌走势。

图6-5　股市中的下跌走势

观察图6-5可知，出现了理想的卖点，但是投资者是否能够把握住，确实十分重要。如在中枢A处结束后，就会明确行情仍会继续下跌，可择机清仓。介入时间越早，则损失越少。如果不能赶上最理想的卖点，也可以选择在后续的行情中陆续卖出，但一旦到了中枢B处则会损失巨大。

3. 盘整

最近一个高点比前一个高点高，且最近一个低点比前一个低点低；或者最近一个高点比前一个高点低，且最近一个低点比前一个低点高；在任何级别的任何走势中，某完成的走势类型只包含一个走势中枢，则称为该级别的盘整。

如图6-6所示，走势类型中只包含一个走势中枢，即中枢A，此走势类型为盘整走势。

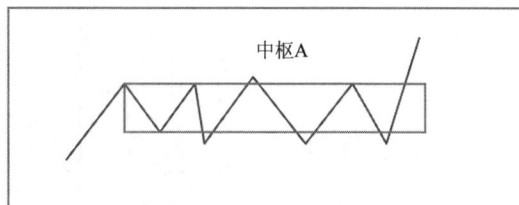

图6-6　盘整走势

如图6-7所示，在走势中出现了一处中枢，且中枢中的股市波动较小，因此投资者可以确认其为盘整走势。

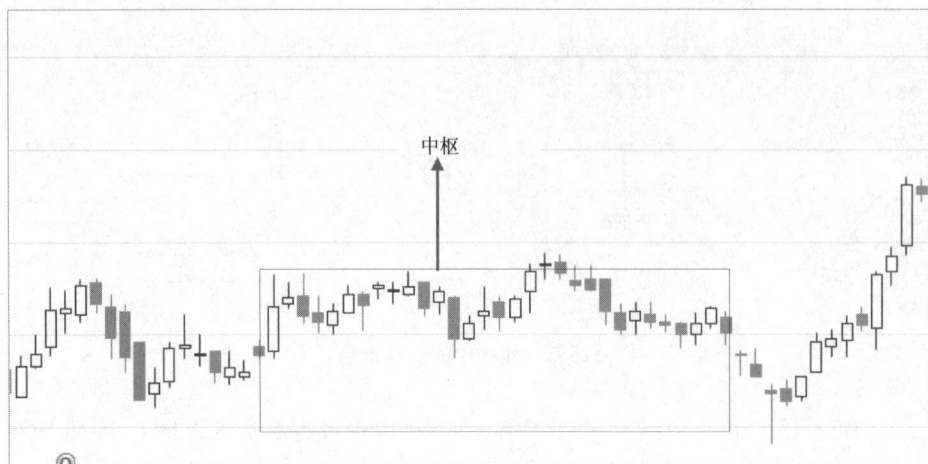

图6-7　股市中的盘整走势

　　由于盘整走势所能提供的交易机会并不多，虽然有买卖点，但都不是最为理想的。投资者可以选择在盘整走势中持币观望。

4. 上涨、下跌、盘整三种基本走势的组合

　　上涨、下跌、盘整这三种走势的组合也是十分具有市场意义的。上涨、下跌、盘整三种基本走势有六种组合，可以代表着三类不同的走势，如图6-8~图6-10所示。市场的走势，都可以通过这三类走势加以分解和研究。

　　（1）陷阱式。

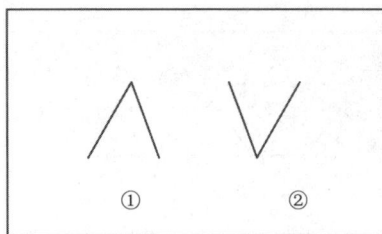

图6-8　陷阱式

　　图6-8中的①为陷阱式中的"上涨+下跌"的形式。

　　图6-8中的②为陷阱式中的"下跌+上涨"的形式。

（2）反转式。

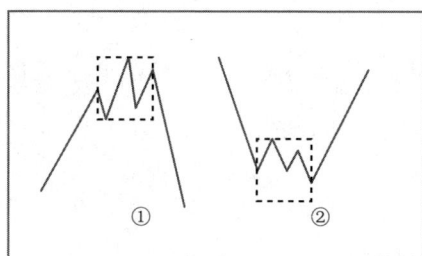

图6-9　反转式

图6-9中的①为反转式中的"上涨+盘整+下跌"的形式。其中虚线方框中为盘整的形式。

图6-9中的②为反转式中的"下跌+盘整+上涨"的形式。其中虚线方框中为盘整的形式。

（3）中继式。

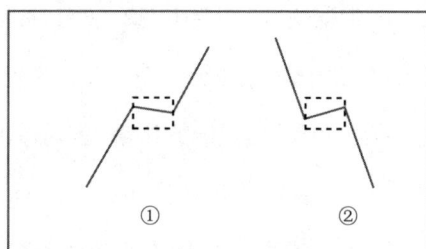

图6-10　中继式

图6-10中的①为中继式中的"上涨+盘整+上涨"的形式。其中虚线方框中为盘整的形式。

图6-10中的②为中继式中的"下跌+盘整+下跌"的形式。其中虚线方框中为盘整的形式。

站在多头的角度，首先要考虑的是买入。因此，上面六种最基本走势中，有买入价值的是：下跌+上涨、下跌+盘整+上涨、上涨+盘整+上涨；没有买入价值的是：上涨+下跌；上涨+盘整+下跌；下跌+盘整+下跌。

由此不难发现，如果在一个下跌走势中买入，其后只会遇到一种没买入价值的走势，就是下跌+盘整+下跌，这比在上涨时买入要少一种情况。

而在下跌时买入，唯一需要躲避的风险有两个：一、该段跌势未尽；二、该段跌势虽尽，但盘整后出现下一轮跌势。

6.3 走势的多义性

股票市场并不是标准的、一成不变的，如果市场都是a+A+b+B+c的标准模式，A、B中枢级别一样，那市场的乐趣也就会减少很多。市场的奇妙之处就在于其复杂性，使得走势呈现出一种多义性，非常美妙。而走势多义性的产生，又都与中枢有着密切的关系。

举例来说，5分钟级别的中枢延伸，出现了9段以上1分钟次级别走势，在这种情况下，站在30分钟级别的中枢角度，则会出现3个5分钟级别的走势重合。9段以上的1分钟次级别走势，每3段构成一个5分钟的中枢，这可以解释为一个30分钟的中枢。遇到这种情况，只要限制中枢延伸的数量，就可以消除多义性。

通常情况下，中枢的延伸不能超过5段。换句话说，一旦出现6段或6段以上的延伸，加上形成中枢本身的3段，就构成更大级别的中枢了。

另外，还有一种多义性，是由于模本的简略造成的。级别不同的图表，其实就是对真实走势不同精度的一种模本。不难理解，一个年线级别的图表精确度，一定会小于一个分笔图表的精确度，很多信息和细节会因为过于简略而被掩盖。而所谓走势的级别，严格来说，可以从每笔成交构成的最低级别图形开始，然后不断按照中枢延伸、扩展等定义精确地确认出来。这种做法最精确，也不涉及5分钟、30分钟、日线、周线、月线等图表。但是这样工作量巨大，也没有这个必要。

通常，我们用1分钟、5分钟、30分钟、日线、周线、月线、季线、年线等级别安排，这是一个简略的方式，但是就目前整体情况来看，当前可以查到的走势图都是这样安排的。当然，有些系统有所不同，可以按照不同的分钟数显示图形，比如，有的系统可以呈现7分钟的走势图等。

其实，我们完全可以按照某个等比数列来设计一个级别序列，但是这种做法的意义并不大，因为图表的精确度并没有太大的实际意义，真实的走势也并不需要如此精确地观察。

简单的变动是可以接受的，比如，去掉30分钟，换成15分钟和60分钟，最后形成1分钟、5分钟、15分钟、60分钟、日线、周线、月线、季线、年线的级别安排，这也是可以的，不会出大问题。

虽然精确地从最低级别的图表当中逐步分析的必要性不高，但如果系统的缩放效果比较好，当把分笔图或1分钟图不断缩小后，看到的走势确实会越来越多。种种从局部到整体的逐步呈现，会对走势级别的不断扩张有很直观的感觉，这种意识的培养，对未来市场操作感觉的培养还是有一定帮助的。

此外，还有一种具有实际意义的多义性，即走势分析中的多种合理释义。这些解释都符合理论内在的逻辑。因此，这种多义性不但不是负担和干扰，而且还可以形成多角度观察，对走势进行综合的分析和研判。举个例子，对a+A+b+B+c，a可以有另一种解释，就是把a看作是围绕A这个中枢的波动。虽然A是在a之后出现的，但是这并不影响这种看法的意义。同理，c也可以看成是针对B的一次波动。这样，其实整个走势就可以简化，变成两个中枢与两者之间的连接段。

在最极端的状况中，a+A+b+B+c的走势模型里，a和c必然存在，而b完全可以是一个跳空缺口。这样，整个走势就可以简化为两个独立的中枢。如果把这种观察方法放置在所有的走势当中，那么不管是何种走势图，其实就是一些级别大小不同的中枢而已。

市场当下的力，其实就是当下买卖产生的力，买的力向上，卖的力向下，构成一个合力。前一个合力是市场已有走势构成的一个当下的力，后一个则是当下交易产生的力。对这两种力之间关系的研究，构成了市场研究的另一个视角，这也是一种释义的过程。

所以，现在从纯粹中枢的角度给背驰一个另外的解释。什么叫背驰，对于a+A+b+B+c，背驰是指c段力度比b段的力度小。可以先假设b+B+c是一个向上的过程，站在B这个中枢的角度上看，b可以看成是向下离开中枢B，而c相反，可以看成是向上离开中枢B。顶背驰就是最后的中枢向上离开的力度比向下离开的力度要弱。

中枢有一种特性，就是无论对向上还是向下离开的力，都具有回拉作用。既然向上离开的力比向下离开的力度要弱，而向下离开的力都能被拉回中枢，那么向上离开的力自然也可以被拉回到中枢。对于b+B+c向上的走势，就构成了顶背驰。相反，对于b+B+c向下的走势，则构成底背驰。对于盘整背驰，分析逻辑是一样有效的，只是力度、级别及在走势中出现的位置会有不同。

还是站在纯中枢的角度，反向来看，a+A+b+B中，如果是B级别大于A级别的情况就很简单了，在这种情况下，B后面并不必然按照原方向继续，而是可以反方向运行。

举个例子，a+A+b+B是向下的，而a+A+b其实可以看成是对B的一个向上离开的回拉。对于中枢而言，并没有要求所有的离开都必须按照上下有序的次序，一次向上的离开后，并不是必须一次向下的离开，再次出现向上的离开，也是可以的。从这个角度来说，从B直接反转向上是很正常的事情。

至于要判断这个反转是否成功，则可以把这个后续的反转写成是c，那么只要比较一下a+A+b与c两段的力度就可以了。因为中枢B对这两段的回拉力度是一样的，若c比a+A+b弱，反转不成功，依然要重新回到中枢当中；若c比a+A+b强，至少也有一次回拉，确认能否构成一个第三类买点。a+A+b与c的力度比较，与背驰情况没有太大分别，只是方法不同。

若用MACD来辅助判断，背驰比较的黄白线和柱子面积，在0轴的一个方向上，而a+A+b与c分别在不同的方向上，也就不存在黄白线拉回的问题。但是有一点是确定的，那就是黄白线至少会穿越一次0轴。

　　总体而言，围绕中枢的操作原则实际上很简单，每次向下离开中枢，只要出现底背驰，则可以介入。然后观察相应回拉出现顶背驰的位置，是否能超越前面一个次级别向上段的顶背驰高点，若不能超越，则需要撤出。即使可以超越，也可以撤出，但次级别回抽一旦不重新回到中枢里，就意味着第三类买点出现了，要买回来。如果从底背驰开始的次级别回拉不能重新回到中枢，那么意味着第三类卖点出现，必须撤出，等待形成新的中枢之后再做决定。

　　当然，博主也说过，上面的分析主要针对指数，个股的情况必须要具体情况具体分析。因为很多个股，只要指数不单边下跌，就会活跃，所以不能完全按照指数来操作。对于指数分析，最大的利益其实是在期货当中。但是期货可以随时开仓，具有很大的特殊性，和股票交易凭证数量的基本稳定还是很不一样的，所以在力度分析等方面会有很大的不同。

6.4　走势预测的精准意义

　　真正的预测，其实是不测而测。博主所说的预测，和通常的预测不是一个概念。就市场走势而言，都是当下合力形成的。

　　举例来说，政策变动会影响走势，是由于规则分力有了突发性改变当下构成的。一般情况下，政策或规则出现的分离，至少在一个时间段内保持常量。这就很容易让人忘记或忽视其存在。但无论是变量还是常量，合力都是当下构成的，常量的分力，用$F(t)$表示，表示其值是一个常量或者是一个分段式常量。对于任何一个具体的t来说，这对变化的分量在合成规则与合成的结果来说，没有区别。

　　但这些常量的分力，并不永远都是常量，通常是分段式的，其变化是有断裂点的，很多基本面上的分力都有这个特点。这些断裂点构成预测上的盲点。对基本面进行分析，对宏观面进行大面积的考察，可以尽量减少盲点，但是没办法完全消除。但是这些因素的存在，会使得所有一般意义上的精确预测变得不再精准。

与此同时，基本面上的因素也是合力的结果。当前的经济、政治格局，世界整体形势，都是众多力共同作用的结果，国内形势也是一样的。所以在预测的过程中，精准预测是不现实的，因为合力永远存在。

从哲学的角度来讲，预测本身也是一个分力，观察者也在被观察当中。不难理解，预测势必会介入被预测的结果之中。所以这也会形成一个分力，对结果的真正呈现有一定的影响，预测结果也会出现偏差。

当然，的确有一些人预测准确了一些事情，这也很正常，因为这是一个概率问题。无论用什么标准来分类，走势可以发生的情况都是有限的。一般来说，预测其实也就三四种情况，所以有预测成功的概率，这一点并不难做到。排除所有结果也并不能得到精确结论，因为任何的排除等价于一次预测，每次排除一个分类，就会出现新的力，所以结果会更加不精确，还是一个概率问题。

预测分类不是没有正确原则，正确的原则就是不进行任何排除，严格分清楚每种情况的边界条件。任何分类其实都等价于一个分段函数，把分段函数的边界条件确定清楚，比如下面的函数：

$$f(x)=-1, \ x\in(-\infty,0), \ f(x)=0, \ x=0, \ f(x)=1, \ x\in(0, \ \infty)$$

在这个函数当中，搞清楚 $f(x)$ 取值范围非常重要，这个范围就是函数的边界条件。在走势的分类当中，只能确定不可以取值为负，也就是从$[0, \infty)$进行分类，把该区域按照某种分类原则分为n个边界条件。对0的取值很多人可能会有疑问，但这并不是不存在的，股票并不是始终有价值的，就连纸币也会失去价值，变成废纸。甚至再精确一些，按照2020年的真实情况，我们可以发现，原油价格降为了负数。

边界条件分段后，就要根据发生的情况进行操作确认，将操作也分段化。确认之后，将所有情况交给市场，让市场去进行选择。比如，预先设定跌破该做什么，不跌破该做什么，针对不同情况作出不同选择。这是博主所说的，"最本质的预测"即"不测而测"，让市场自己做选择。如果市场选择跌破，那就出手，如果选择不跌破，就继续持有。

不要去想，如果万一上去后又跌破怎么办，因为任何市场，不跌破是既成事实，我们的操作只能根据已经发生的事实来进行。如果跌破，那就等跌破成为既成事实再说。所以，根据已有事实作出最恰当的选择，才是每一个成熟投资者应该做的事情。

要清楚预测什么不重要，确定分段边界才重要。有了分段边界，按照规则操作就可以，也更不需要预测。按照操作原则来，就是最好的预测。

缠论当中，通过分型、笔、线段、中枢、走势类型、买卖点等进行预判，这是不是也是一种预测呢？是，但是也不是。其实缠论本质上就是一套分段原则，这一套原则，会随着市场变化而变化，随时给出分段信号。任何级别都有一个恒定的分段，即x=买点，买入；x=卖点，卖出；x属于买卖点之间，就持有，而这持有的种类，如果前面买卖点没出现，就是股票，反之就是钱，这其实就是分段操作最基本的原则。

那么，本ID理论中的分型、笔、线段、中枢、走势类型、买卖点等，是不是预测呢？是也不是。其实本质上本ID的理论是最好的一套分段原则，这一套原则可以随着市场的当下变化，随时给出分段的信号。按照本ID理论来的，其实在任何级别都有一个永远的分段：按照分段函数的方法，本ID的理论就有这样一个分段操作的最基本原则。

6.5　最小级别中枢

前面我们研究了分型、笔和线段的概念及划分方法，下面再来重新研究"走势中枢"。

走势图在划分线段后，会形成一条延续不断、首尾相接的折线，这样会简化复杂图形，使之标准化程度变高，也会为后面的中枢、走势类型等分析提供最标准且基础的部件。

博主曾在缠中说禅当中讲到，学习缠论形态学的次序，是分型→笔→线段→最小级别中枢→各级别中枢、走势类型，也被称作"懒人线路图"，是非常有效的。按照这个学习流程，接下来将进入"最小级别中枢"的学习。

从理论上来说，最低级别的中枢，可以从每笔（"笔"为量词，并不是我们之前提到的分型构成的笔）交易开始定义，但是那种划分方式理论性较强，缺少实际操作可能，因为从每一笔成交开始看，这是一个非常大的工作量，很难有人真正做到。所以，为了区别，我们把没从每笔交易开始定义的中枢，称为"最低级别中枢"，而把用线段定义的中枢称为"最小级别中枢"。

一个级别的走势中枢，通常是由其次级别走势类型的重叠部分所构成的。在引入线段的概念后，"当你以某级别分析图形时，就先假设了次级别是线段"。所以，最小级别走势中枢的定义为：把线段看作是一段没有内部结构的次级别走势，"最小级别走势中枢"就是某级别走势类型中，被至少三个连续的线段所重叠的部分。

这里所说的"三个"，指的是"前三个"连续的线段，"连续"指的是这些线段是先后连接的，而"重叠"指的是这几个线段的重叠区间。还有一点很重要，这三个线段都是完成的，才能构成该级别的走势中枢。

这时，"Z走势段"概念依然有效，什么叫Z走势段？与中枢形成方向一致的线段称为Z走势段，按时间顺序分别记为Z_1，Z_2，$\cdots$，Z_n等，相应的高低点为g_n、d_n（其中，g、d是"高、低"的拼音字头）。

其中，有几个非常有意义的点：

GG=$\max(g_n)$，高点中的高点；

G=$\min(g_n)$，高点中的低点；

D=max(d_n)，低点中的高点；

DD=min(d_n)，低点中的低点。

其中，GG、DD是围绕该中枢震荡的最高、最低点（极限值），每个中枢的GG、DD都是最重要的阻力线或支撑线。

需要明确的是，Z走势段不是连续的，它是一组与中枢形成的方向一致的、互相隔开的线段。用"Z走势段"重新定义走势中枢：设ZG= min(g_1、g_2)，ZD=max(d_1、d_2)（其中，ZG是"中枢高点"的拼音字母缩写、ZD是"中枢低点"的拼音字母缩写），则[ZD, ZG]就是走势中枢的区间。可以明确看到，走势中枢由前两个Z走势段构成（相当于前三个连续的线段），所以走势中枢由"前三个"连续线段的重叠部分确定。

在学习了以上内容后，可以总结出"各级别走势的生长步骤"：

第一步，指定一个级别，将其作为最小的分析级别；

第二步，在该级别走势图上划分出线段；

第三步，找出"被至少三个连续的线段所重叠的部分"，构成该级别的中枢，也就是找到"最小级别的走势中枢"；

第四步，从这个中枢生长出该级别的走势类型；

第五步，用该级别的走势类型，构造出高一级别的走势中枢，进而生长出高一级别的走势类型；

第六步，重复第四、第五步，逐级生长。

举例来说，我们可以指定5分钟级别为最小的分析级别，在5分钟走势图划分出线段，然后将这些线段看成其次级别的走势类型，也就是1分钟的走势类型，三个连续线段的重合部分就构成了5分钟级别中枢——"最小级别中枢"，在此基础上，不仅可以构造出5分钟的走势类型，也可以生长出30分钟中枢及30分钟的走势类型，以此类推，逐级生长。

需要特别注意，笔、线段是针对最低级别说的，也就是说，当我们以5分钟为基本图时, 不需要在30分钟图上划分笔和线段, 而是在5分钟基础上严格递推出来。如果在30分钟图上重新划分出线段, 相当于调整了最低级别, 那便是另一个分析系统, 看到的与5分钟图会有所差别。

此外, 当我们把5分钟作为最小分析级别时, 我们不需要看1分钟图。如果在1分钟图上重新划分出线段、构成中枢并推演, 就是另外一套分析系统。如果将1分钟走势与5分钟线段进行比较, 则可发现它们既相似又不完全相同。以5分钟级别来说, "从1分钟级别生长出来的"和"在5分钟图上用线段定义出来的", 无论从表达、含义还是精确度、分段结果上都不完全相同。

在实际操作过程中, 我们既可以根据需要选择一种级别的图进行划分, 也可以两种方式兼用, 形成对照, 增加丰富性。

6.6　各级别中枢、走势类型

运用缠论操盘, 是绕不开操作级别的, 而操作级别实际上从选择了最小观察级别的那一刻起, 其实就已经确定了。

次级别可以确定本级别, 也就是当你选择了什么样的次级别, 本级别就已经是确定的了。换言之, 走势是客观的, 而选用什么级别去分析走势却是主观的。

6.6.1　级别

级别是立体的。我们在划分时常用到1分钟、5分钟、20分钟、日K线等级别, 不过级别是一种更为理性和科学的描述。其意义其实只有一个, 基本只和买卖量有关, 级别越高, 则买卖量越大, 如日线级别比1分钟级别的要高很多。

没有级别就没有方向, 不同级别代表不同含义。大级别指的是年线、周线, 最次是日线, 当然这里指的是大方向, 用大级别分析股票图可以明确股票在某段周期内的大的运行方向。

　　小级别则是指1分钟、10分钟、20分钟、50分钟等。用小级别分析股票图可以明确股票在短时间内的小的运行方向。

　　通过级别，我们可以得知几月、几周、几日内的走势，可通过级别观察到股价的运行趋势，跟随市场的运行而主动思考，通过级别发现隐藏在股票图中的有价值信息，如有效的卖点和买点、反转信号、空头趋势等，不过发现的前提是正确认识级别。对于级别，我们可从多个方面来认识。

　　从空间上来说，级别可以无限制延伸。大级别可以无限制扩张，小级别也能无限制向内深究。我们用缠论理论分析股市行情，通常只需知道本级别、次级别、次次级别三个等次级别就足够了。

　　其中最小的级别为次次级别，其次为次级别、本级别，都可以由小级别往上发展为大级别。

　　走势与级别关系密切，有走势就有级别，走势也可以无限制延伸，超过本级别更大的级别，可以同级别分解，但要另外设置起点。

　　从操作层面而言，级别是关键，中枢等重要概念的引进可视作为级别提供服务。如果对中枢理解不够深刻或者存在偏差，就无法找准中枢，也就无法找准级别。而准确掌握中枢，则在于学习好线段与笔，而准确掌握线段与笔，则在于学习好分型、K线。

　　操作是有节奏的，博主认为最为标准的节奏是买点买、卖点卖，如此才能获得高额的差额利润，而买卖点应以级别为其前提，也就是在级别的基础上判断出现买点与卖点的时机，因此如果没有级别，也就意味着没有节奏。而操盘高手都有自己的操盘节奏，这是其能获得高额收益的重要原因。

　　买卖点是有级别的，大级别能量没耗尽时，一个小级别的买卖点能引发大级别走势的延续。但如果一个小级别的买卖点和大级别的走势方向相反，而该大级别走势没有任何衰竭，这时候参与小级别买卖点，就意味着要冒着大级别走势延续的风险，这是典型的"刀口舔血"。

市场中不需要频繁买卖，战胜市场，需要的是准确率，而不是买卖频率。

级别与时间和价格都是无关的。也就是无论什么时间都可能出现某种级别，既可能是小级别，也可能是大级别，既可以出现在上午盘，又可以出现在下午盘，时间是不固定的。

级别与价格是无关的。股价处于低位时，既可能出现大级别，也可能出现小级别；当股价在高位时，既可能是大级别，也可能是小级别。

级别与成交量关系密切，但两者间却存在本质的差别。在缠论中，成交量、MACD等均属于同一层面。前面讲过，缠论由形态学与动力学组成，再加上缠论本质上也是几何学，因而在缠论中形态学是根本，动力学是辅助。在《教你炒股票》系列课中博主多次强调这一观点，动力学主要涉及能量变化方面，因而和成交量关联密切，不过能量的变化不能等同于成交量趋大或趋小的判断依据，不过可用来作为参考。

传统的股票技术分析上存在很多不足，很多操盘者也因此亏损惨重。当某只股票被主力大肆买入，高度控盘后，该股的成交量会急速萎缩，每天的成交量很少，但价格的涨势力度却非常高。这种情况该如何衡量运行能量的强弱，因此将级别与成交量等同起来，显然是不可取的，是一种错误的观念。

严格来说，笔、分型、线段、中枢、走势等都是心理预期物化的表现。从本质而言，成交量与价格都是外在表现形式。外在表现形式是多种多样的，其形成这样的表现多源于投资者的心理预期，是心理预期的物化。比如中枢为某特定区域内买方能量与卖方能量相博弈的结果，价格有效交易会显示出成交量的形态，不过只是局限于观察成交量的表层形态，则偏离了掌握其本质的正轨，从而导致盲点重重。

因此，级别就是按照某种特定规律、规则运行，操盘者根据级别可观察走势，甚至更深入或者更细化的要点，从而正确分析股票当下的行情，采取正确的操盘策略，获得丰厚的收益。

6.6.2　级别的应用

从大级别与小级别上来说,当出现大级别股市明朗时,小级别的波动可用震荡、洗涤等操作,此时操盘策略应以持股为主,尽量减少手中所持有的现金量。

小级别操作注意事项:操作水平较高者,可根据小级别的买卖点进行减仓、建仓操作,短线获取可观的收益,以降低整体的持股成本。操盘水平一般者,不要运用小级别进行操作。可耐心持有股票,耐心等待大级别卖点的出现,否则操作不当,在小级别中买到高位,则会有丧失筹码的风险。卖出股票后,则耐心持币等待,不要因为小级别的波动而随意买入,等待大级别买点的出现,而后低位建仓,如此循环,这是级别最常见的应用方法。

不过运用级别时,我们常将其分为两类,即操作级别与走势级别。

6.6.3　操作级别

操作时首先要明确选择什么级别的操作系统,是短线、中线还是长线操作?其实三者的区别就在于所选的操作级别不一样。选择的级别不同,操作级别也就不同。

根据各种情况,可以相应定好自己的操作级别,这样就可以按照相应的级别分析、操作。也就是说,一旦该级别出现买卖点,必须进入或退出。同时,在你的操作级别上,你是不参与任何调整或下跌走势类型的。

由此可知,操作级别可根据资金量、操作环境、操作水平、可用于操作的时间四个要素进行选择;因为四个要素是相当稳定的,所以据此选出的操作级别也相当稳定。当然如果资金量(变少或变多)、操作环境(不同的环境影响很大)、操作水平(水平提高了或是降低了)、操作时间(如原来短线操作变成中线操作)四个要素发生了变化,那么对应的操作级别也要变化。当操作级别显示出现买卖点,就可以采取相应的操作,获得可观的收益。

以选择10分钟级别为例,先要寻找一个10分钟的中枢,然后操作级别也就是10分钟，以此去寻找交易机会，也就是寻找买卖点。

在缠论中，理想的买卖点有三个，即第一类、第二类、第三类买卖点，博主认为这三个买卖点是安全的、可靠的。不过第一类、第二类买卖点出现的前提是该10分钟中枢为该级别趋势的最后一个中枢，如果能确定背驰形态，则买卖点更加明确，毕竟第一类买卖点通常是由背驰引起的。

站在纯理论的角度来看，操作级别越低，则效率越高，不过在实战中是不能随意调低操作级别的。操作级别应由上面的四个要素来确定。

举个例子，在T+1的情况下，如果选择1分钟以下的级别作为操作级别，则可能会面临着无法顺利兑现的危险，而操作体系应考虑到各种情况，因此全都按1分钟以下级别操作是不现实的。当然T+0是可以的。级别越小，则买卖点间的波动幅度也越小，如果不能减少交易成本、交易误差等，则操作意义不大。交易成本很好理解，也就是达成一笔交易所要花费的成本。交易误差主要是指时间差，从发现买卖点到落实到操作上，必然会有时间差，价格也难免会有一些不同。如果是大级别的则无所谓，但小级别的一定要准确，而这需要操盘者长期训练。

制定了相应级别，是否按照次级别以下进行部分操作，那是操作风格问题，而实际上是应该安排这种操作的，特别是当进入一个你的操作级别的次级别盘整或下跌时，这是你可以忍受的最大级别非上涨走势，当然要操作一下来降低自己的成本。大级别买点介入的，在次级别第一类卖点出现时可以先减仓，其后在次级别第一类买点出现时回补。

其具体的应用步骤为：确定当下的操作级别，确定本级别；根据本级别，确定次级别以下的级别；确认所有的操作级别后，根据资金量来分析各级别操作时所动用的资金是多少，占比多少。并根据资金的进入与退出原则，何时建仓、何时卖出；对于大级别的具体操作位置，可由次级别以下的级别完成位置与情况来判断。

操盘者先找准自己的节奏，找准级别，级别分清后再进行后续的操作，这是确保不会被股票走势牵着思路走的重要方法。任何操作都有其级别,如果脱离了级别,就像建立在空中的楼宇一样,丧失了最基本的条件。级别不同,所对应的操作策略也不同。如短线操作,可采用T+0的一些操作技巧;但对于长线操作,则不适合。

明确了级别,就明确了次级别、次次级别,进而发现资金进出场的依据,构建属于自己的、逻辑严密的操作体系。在该体系内任何风险都是可控的,也就是级别将不可控的风险可控化了。在你的操作级别上,你是不参与任何调整或下跌走势类型的。整个操作就有一定的立体性,从而降低了炒股风险。

6.6.4　走势级别

走势级别多运用于分析走势的精准度与发现理想的买卖点上。

有走势就有级别,但如何确定级别却是个难题。所谓走势的级别,从最严格的意义上说,可以从每笔成交构成的最低级别图形不断按照中枢延伸、扩展等的定义精确地确认出来,这是最精确的,不涉及什么5分钟、30分钟、日线等。

用1分钟、5分钟、30分钟、日线、周线、月线、季线、年线等的级别安排,只是一个简略的方式,最主要的是现在可以查到的走势图都是这样安排的。从走势级别的定义可以看出走势的级别是与时间周期无关的,而是与其中包含的中枢有关。

什么级别的图和什么级别的中枢没有任何必然关系,走势类型及中枢就如同显微镜下的观察物,是客观存在的,其存在性由上面所说最原始的递归定义保证,而级别的图,就如同显微镜,不同倍数的显微镜看这客观的图就看到不同的精细程度,如此而已。

为什么级别本质上不对任何时间结构有任何绝对的承诺,因为这里没有任何的、绝对的理论推导可以保证这一点,级别被破坏了,就是因为被破坏了,只此而已,并不是因为有什么时间的因素、结构就被破坏了。

级别是自同构性自组出来的，或者说是生长出来的，自同构性就如同基因，按照这个基因、这个图谱，走势就如同有生命般自动生长出不同的级别来，无论构成走势的人如何改变，只要其贪嗔痴慢疑不改变，自同构性就存在，级别的自组性就必须存在。

6.7 走势类型连接的同级别分解

从操作角度来看，任何买卖点归根结底都是某级别的第一类买卖点，因此，只要学好如何判断背驰，判断好适合的级别，当该级别出现底背驰时买入，顶背驰时卖出，就可以应付市场上大部分的情况了。

前面我们讲解了关于走势类型连接的多义性，需要明确多义性并不是胡乱分析，而是与走势的当下状况密切相关，对已经完成的走势类型进行分解，就像我们解决不同的题目需要设定不同的参数一样。虽然参数设定可以有多种方式，但一个恰当的参数设定，对解题有非常重要的帮助。所以根据结合律，选择恰当的走势分析，对把握当下走势是非常关键的。

一个好的分解，在分解规则下，必须保证分解的唯一性，否则这种分解是有问题的，不能称为完美。最简单的分解方法就是同级别分解，快捷有效。所谓同级别分解，就是把所有走势按照某个固定级别的走势类型进行分解，如图6-11所示。根据博主走势分解定理，同级别分解具有唯一性，不存在任何含糊和胡乱分解的可能。

同级别分解的应用，前文也有提到。举个简单的例子，以30分钟级别为操作标准的用30分钟级别的分解进行操作。对任何图形，都分解成一段段30分钟走势类型的连接，操作中只选择其中的上涨和盘整类型，避开所有下跌的类型。

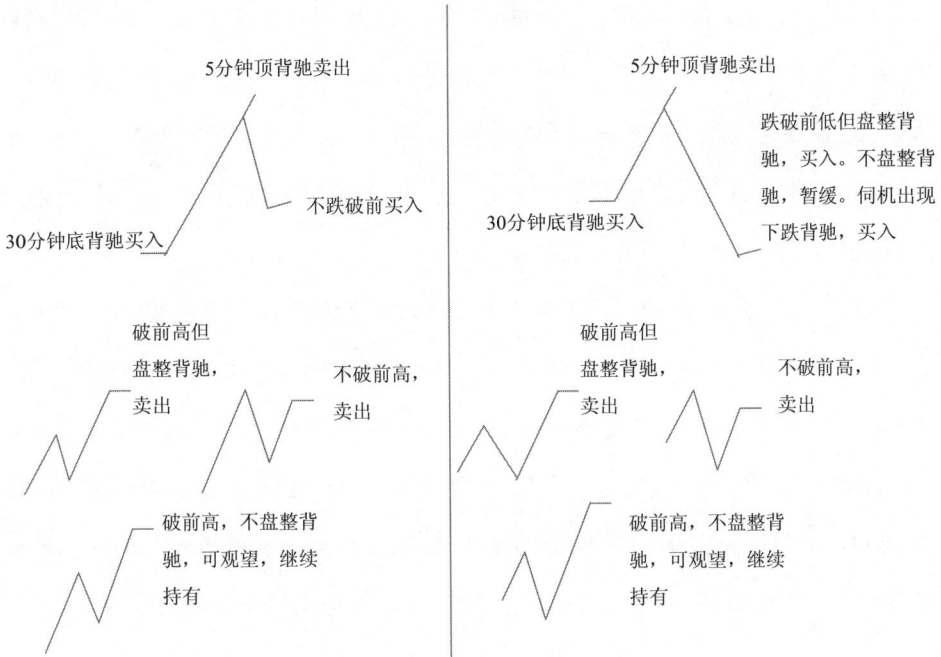

图6-11　同级别操作分解示意图

在图6-11中,不断延伸下去,直到30分钟顶背驰或30分钟走势类型相对前一段向上的走势类型出现不创新高或者盘整背驰为止。向上段的运动,一般是先买后卖,因为这种情况,一旦向上段的运作结束,就会立即进入向下段的操作。向下段的出现刚好相反,先卖后买,从向上段结束的背驰点出发,反向操作即可。

要注意,对于同级别分解视角下的操作,一定要只针对一个正在完成的同级别中枢。一旦该中枢完成,就要关注下一个同级别中枢。在这种同级别的分解当中,完全不需要中枢延伸或者扩展。还以30分钟走势为例,只要5分钟级别的三段"上下上"或者"下上下"类型有价格重合的区间就能构成中枢。如果5分钟走势类型延伸出6段,那么就当成两个30分钟盘整类型的连接。在这种分解当中,是可以出现"盘整+盘整"这种情况的。

这里可能有一个比较容易出现混乱的点,之前说过,不允许出现"盘整+盘整"的连接方式,但之前所说的前提是非同级别的分解,和同级别的分解是不同的。

还有一个问题需要明确，那就是同级别的次级别分解是否也是同级别分解的，答案是不需要。因为在操作过程中，我们完全可以做到只在某级别中进行同级别分级，从而通过用中枢扩展、延伸等确定其次级别。这里其实只涉及组合规则的问题，只要不违反连接规则和分解的唯一性，就是被允许的。所以在这一部分要强调的重点在于是否清晰、易操作。

走势有级别，高级别的走势由低级别构成，这其实是走势分解和组合的难点。有两种最基本的处理走势的方法，一种是纯粹按照中枢来处理，另外一种是纯粹按照走势类型来处理，但更有效的是在不同级别中组合运用。因此，可以制定出同级别分解规则：在某级别中，不定义中枢延伸，允许该级别上的盘整+盘整连接。同时，规定该级别以下的所有级别都允许中枢延伸，不允许盘整+盘整连接。而该级别以上的级别，不需要考虑，这是因为所有走势都按该级别给分解了。

6.8 走势中枢与买卖点

缠中说禅理论与技术的核心，说到底就是掌握买卖点，从而能够在股市中高抛低吸，赚取利润。买卖点的内容也是缠中说禅系统理论中核心部分之一。

博主在其理论与理念中对此进行了总结，即选什么股票其实不重要，关键是要选好买点，等待你的买点或换股的时机，别抛了一只买点上的股票去换一只卖点上的股票。一个人可以操作一只股票获取最大利润，关键是掌握好买点、卖点的节奏，而不是股票本身。

可以看出掌握买卖点的节奏对于投资者来说有多么重要。

6.8.1 缠中说禅三类买卖点辨析

博主将买卖点分为三类，即第一、二、三类买点；第一、二、三类卖点。

第一类买点：第一类买点和背驰的关系密切。

第二类买点：第二类买点是由第一类买点派生出来的，出现在第一类买点之后。

第三类买点：第三类买点则是在第一类买点形成之后，一个次级别走势向上脱离走势中枢，后以一个次级别回试，其低点不跌回中枢区间，构成第三类买点。

第一类卖点：第一类卖点和背驰的关系密切。

第二类卖点：第二类卖点是由第一类卖点派生出来的，出现在第一类卖点之后。

第三类卖点：第三类卖点则是在第一类卖点形成之后，一个次级别走势向下脱离走势中枢，后以一个次级别回抽，其高点不升入中枢区间，构成第三类卖点。

6.8.2　缠中说禅第三类买点

缠中说禅给出了第三类买点的定义，即第三类买点是由第一类买点形成后，某一次级别走势类型向上脱离走势中枢的区间范围，然后出现次级别回试，但是低点没有突破ZG，形成第三类买点。

如图6-12所示，在a+A+b+B+c走势中，有两处中枢，即中枢A和中枢B及三段下跌走势a、b和c。第一类买点出现在下跌趋势中的背驰点，第二类买点出现在第一类买点触底反弹之后的回落点处。

而第三类买点是在第二类买点出现的随后次级别走势向上脱离中枢，接着以一个次级别走势的回试，没有突破图中的横线处ZG，形成第三类买点。

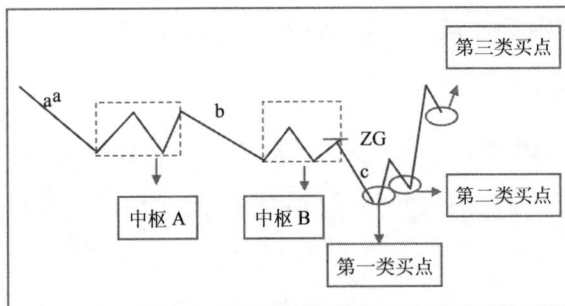

图6-12　第三类买点1

从第一类买点、第二类买点及第三类买点的出现顺序来看，可以看出第三类买点是在第一类买点之后形成的，即先有第一类买点，再有第三类买点，不一定会有第二类买点。

这种情况的出现，就是如果第一类买点形成后，次级别走势向上脱离中枢，接着以一个次级别走势回试，但回试的低点在中枢的上面，直接形成第三类买点，也就是第二类买点与第三类买点重合。

如图6-13所示，在a+A+b+B+c走势中，有两处中枢，即中枢A和中枢B及三段下跌走势a、b和c。

在第一类买点形成以后，次级别走势向上脱离中枢，接着以一个次级别走势回试，但回试的低点在中枢的上面，这时就形成了第三类买点。不需要第二类买点出现。

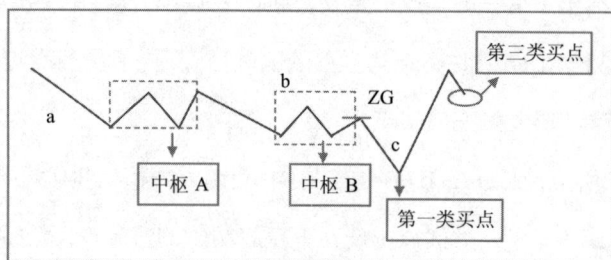

图6-13　第三类买点2

下面通过一个股市K线图做示范。

如图6-14所示，股市在A处构成底背驰，形成第一类买点；随后，股价开始出现反弹，形成次级别的上涨，随后出现次级别的回试，在回试中的低点处，即第二个椭圆形B处形成第二类买点。

在第一类买点和第二类买点形成之后，以一个次级别走势类型回试，未能突破ZG，形成右边椭圆形C处的第三类买点。观察图中走势可发现，买点总是在下跌过程中出现。

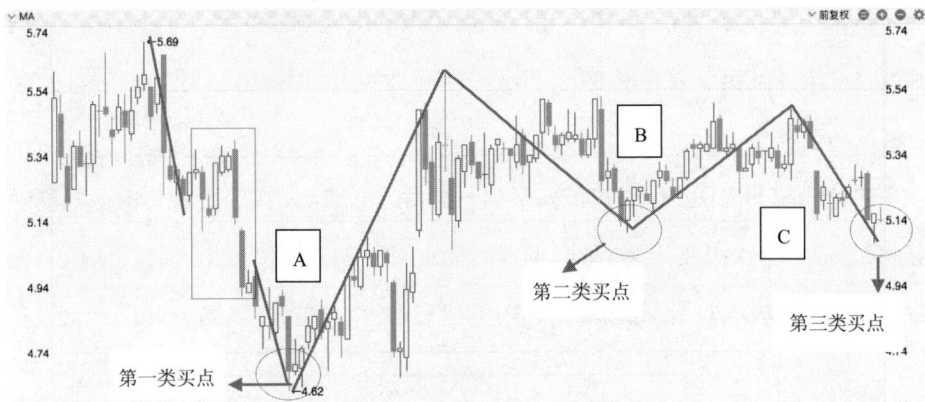

图6-14　股市中的第三类买点

6.8.3　缠中说禅第三类卖点

缠中说禅给出了第三类卖点的定义，即第一类卖点形成之后，某个次级别走势向下离开走势中枢，其后以一个次级别走势类型回抽，其高点不升进中枢区间内，形成第三类卖点。

如图6-15所示，在a+A+b+B+c走势中，有两处中枢，即中枢A和中枢B及三段上涨走势a、b和c。

观察图6-15，第一类卖点出现在上涨趋势中的背驰点，第二类卖点出现在第一类卖点见顶回落之后反弹的高点处，而第三类卖点是在第二类卖点出现的随后次级别走势向下脱离中枢，出现在中枢的下方，接着以一个次级别走势的回抽，没有突破图中的横线处ZD，形成第三类卖点。

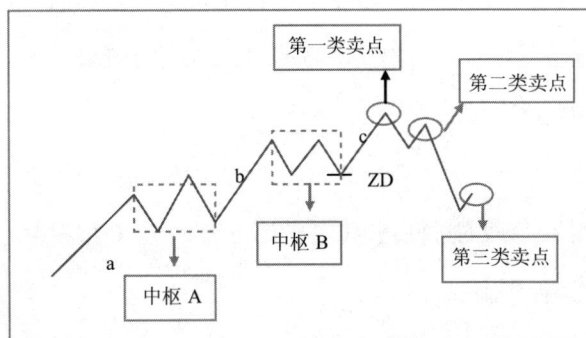

图6-15　第三类卖点1

从第一类卖点、第二类卖点及第三类卖点的出现顺序来看,可以看出第三类卖点是在第一类卖点之后形成的,即先有第一类卖点,再有第三类卖点,不一定会有第二类卖点。

这种情况的出现,意思就是如果第一类卖点形成后,次级别走势向下脱离中枢,接着以一个次级别走势回抽,但是回抽没有突破ZD,位置上还处在中枢的下方,形成第三类卖点,也就是第二类卖点与第三类卖点重合,如图6-16所示。

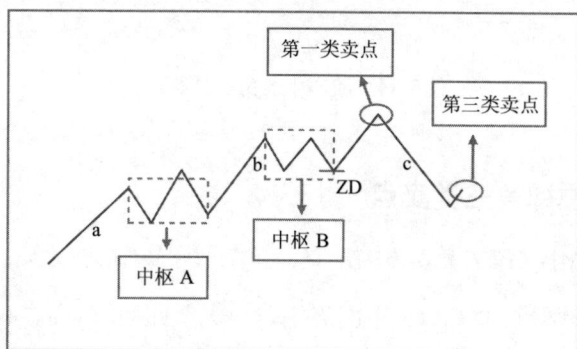

图6-16 第三类卖点2

图6-16中,在a+A+b+B+c走势中,有两处中枢,即中枢A和中枢B及三段上涨走势a、b和c。

观察图6-16,在第一类卖点形成以后,次级别走势向下脱离中枢,接着以一个次级别走势回抽,但是回抽没有突破ZD,回抽的高点位于中枢的下方,形成第三类卖点。

如图6-17所示,股市在A处构成顶背驰,形成第一类卖点;之后股价开始出现回调,为次级别的下跌,随后出现次级别的上涨,在上涨中的高点处,即第二个椭圆形B处形成第二类卖点。

在第一类卖点和第二类卖点形成之后,一个次级别走势脱离中枢,以一个次级别走势类型回抽,形成右边椭圆形C处的第三类卖点。观察图中走势可以发现,卖点总是在上涨过程中出现。

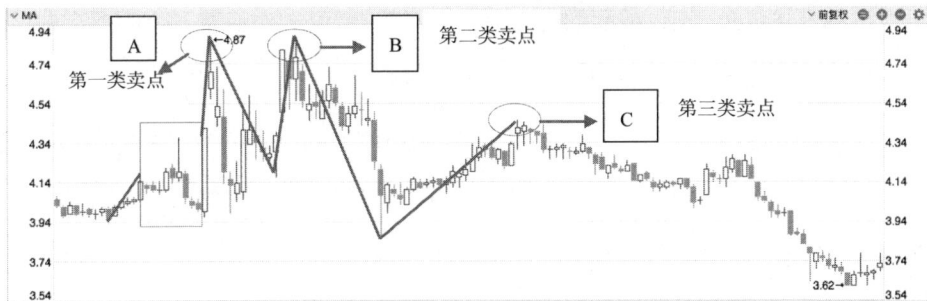

图6-17　股市中的第三类卖点

6.8.4　买点与中枢

前面内容中已经说过三类买卖点。一个很现实的问题,就是除了这三类买卖点之外,还有什么其他类型的买卖点? 答案是否定的。

这里必须强调的是,这三类买卖点都是被理论所验证的、百分之百安全的买卖点。如果对这三类买卖点的绝对安全性没有充分地理解,就不可能也不会对缠中说禅技术分析理论有一个充分地理解。

市场交易,归根结底就是对买卖点的把握。买卖点的完备性就是理论的完备性,因此,对这个问题必须进行概括性的论述。

所谓百分之百安全的买卖点,就是这点确认以后,市场必然发生转折,没有任何模糊或需要分辨的情况进行选择。市场交易不能完全建立在必然的基础之上。市场的绝对必然性是交易中唯一值得信赖的港湾。

从走势中枢的分析可知,在走势中的任何一个点,必然面临两种可能: 走势类型的延续或转折。

换言之,对于一个必然的买点,必须满足以下两种情况之一: 一个向上的延续或一个由下往上的转折。具体来说,对于延续的情况,能产生的,只能是在一个上升的过程中,否则就无所谓延续了,对于上升延续中产生的买点,必然有一个中枢在前面存在着;对于转折,被转折的前一段走势类型只能是下跌与盘整,而无论下跌还是盘整,买点之前都必然有一个走势中枢存在。

归纳上述可知，无论前面的走势是什么情况，都唯一对应着一个中枢存在之后走势的延续或转折，这个分析对卖点同样有效。

因此，所有买卖点都必然对应着与该级别最靠近的一个中枢的关系。

对于买点来说，该中枢下产生的买点必然对应着转折，中枢上产生的买点必然对应着延续。而中枢有三种情况：延续、扩展与新生。中枢扩展导致一个更大级别的中枢；中枢新生就形成一个上涨的趋势。

第一种情况：如果是中枢延续，那么在中枢之上是不可能有买点的，因为中枢延续必然要求所有中枢之上的走势都必然转折向下，这时候只可能有卖点。

第二种情况：中枢扩展或新生，在中枢之上都会存在买点，这类买点就是第三类买点。

也就是说，第三类买点是中枢扩展或新生产生的。对于更大级别中枢的情况，肯定没有马上出现一个上涨趋势的情况诱人，所以对于实际操作者来说，如何尽量避免第一种情况就是一个最大的问题。但无论是哪种情况，只要第三类买点的条件符合，其后都必然盈利，这才是问题的关键。

对于中枢之下形成的买点，如果该中枢是位于上涨之中的，那么在中枢之下并不能必然形成买点。中枢之下的买点，只可能存在于下跌与盘整的走势类型中，具体情况如下。

一个上涨趋势确定后，不可能再有第一类与第二类买点，只可能有第三类买点。

对于盘整的情况，其中枢的扩展与新生，都不能必然保证该买点出现后必然产生向上的转折，因为其扩展与新生完全可以是向下发展的。

对于中枢延续的情况，中枢形成后随时都可以打破而结束延续，也不是必然有向上的转折。

所以在盘整的情况下，中枢之下也不是必然产生买点。因此，只有在下跌确立后的中枢下方才可能出现买点，这就是第一类买点。

第二类买点是和第一类买点紧密相连的。因为出现第一类买点后，必然只会出现盘整与上涨的走势类型，而第一类买点出现后的第二段次级别走势低点就构成第二类买点。根据走势必完美的原则，其后必然有第三段向上的次级别走势出现，因此该买点也是绝对安全的。

第二类买点不是必然出现在中枢的上方或下方，可以在任何位置出现。中枢下方出现的，其后的力度就值得怀疑了，出现扩展性中枢的可能性极大。在中枢中出现的，出现中枢扩展与新生的机会对半。在中枢上方出现，中枢新生的机会就很大了。但无论是哪种情况，赢利都是必然的。

显然，第一类买点与第二类买点是前后出现的，不可能产生重合。而第一类买点与第三类买点，一个在中枢之下，一个在中枢之上，也不可能产生重合。

只有第二类买点与第三类买点是可能产生重合的。当第一类买点出现后，一个次级别的走势凌厉地直接上破前面下跌的最后一个中枢，然后在其上产生一个次级别的回抽不触及该中枢，这时候，就会出现第二类买点与第三类买点重合的情况，也只有这种情况才会出现两者的重合。

虽然在理论上没有任何必然的理由确定第二类买点、第三类买点重合后一定不会只构成一个更大级别的中枢扩展，但实际上，一旦出现这种情况，一个大级别的上涨往往就会出现。

对卖点的分析是一样的，归纳起来，就是缠中说禅买卖点的完备性定理，根据相同的分析，同样可以证明缠中说禅升跌完备性定理。

6.8.5　缠中说禅买卖点的完备性

股市走势中买卖点具有完备性，且可从股市中把握买卖点进行交易。缠中说禅买卖点的完备性定理：市场必然产生盈利的买卖点，只有第一类、第二类、第三类买卖点。缠中说禅升跌完备性定理：市场中的任何上涨与下跌，都必然从缠中说禅三类买卖点中的某一类开始及结束。换言之，市场走势完全由这样的线段构成，线段的端点是某级别三类缠中说禅买卖点中的某一类。

这里将走势中枢与高低位买卖点的关系进行总结。

当股价呈上升走势时，此间大多数时候股价都是上涨的，走势较为强劲，价格不断创出新高，上升走势中出现调整中枢，则为我们提供了很多低吸建仓的机会。

当股价呈现下跌走势时，此间大多数时候股价都是下跌的，价格不断走低，下跌走势中出现调整中枢，则为我们提供了很多高抛获利的机会。

可以看出，走势中枢与高位卖点是重要的技术分析之一，在股价涨幅较大时进行减仓，此时多为缠论的调整中枢形态构成的起始点，也就是如果调整中枢形态成立，那么股价涨幅较大后必然会出现技术性回落，而后再反弹、再回落。

在上升趋势中，调整中枢的形态是较为理想的操作机会，股价波动较强，可选择低位时建仓。

在股价跌幅较大时进行建仓，此时多为缠论的调整中枢形态构成的起始点，也就是如果调整中枢形态成立，那么股价跌幅较大后必然会出现技术性上涨，而后再下跌、再反弹。

在下跌趋势中，调整中枢的形态是较为理想的操作机会，股价波动较强，可选择高位时减仓。

第7章

动力学之背驰

背驰是缠中说禅当中重要的实战应用理论之一，对背驰的判断和分析直接影响股票走势的分析与判断。

背驰是缠中说禅理论动力学中的知识，可以这样说，出现了背驰，就出现了转折，转折一旦出现，买卖点也就随之出现了。

7.1 何为背驰

背驰是相对于趋势而言的, 博主曾表示"没有趋势就没有背驰"。

在判断"背驰"之前, 首先要明确趋势力度的概念。趋势力度, 即前一走势与均线相交的结束时间点与后一走势与均线相交的开始时间点之间, 由短期均线与长期均线相交所形成的面积。在前后两个同向趋势中, 当趋势力度比上一次趋势力度要弱时, 就形成了"背驰"。

从上面的定义我们可以非常精准地判断什么是背驰, 但是也有缺点, 就是必须等到走势与均线再次相交后才能判断, 而这时, 走势离真正的转折点已经过了一段时间了。

如何解决这个问题? 有以下三种方法。

第一种方法: 看低一级别的图, 从中按该种办法找出相应的转折点, 这和真正的转折点基本没有太大的距离。

第二种方法: 均线判断背驰。

第三种方法: MACD指标判断背驰。

三种方法都可以解决上述问题, 但是第二种方法存在一个比较明显的问题, 就是风险比较大, 并且对投资者的技术要求比较高, 对市场的感觉也要更敏锐、更准确。

下面用一只股票的K线图来说明什么叫背驰, 如图7-1所示。

该只股票从A到C呈现上涨趋势, 在位置A前面形成一个中枢, 股价上涨后再次形成一个新的中枢。从MACD指标也可以明显看出, 曲线DIF与DEA都向上, 双双突破零轴, 红色柱子面积增加, 股价涨至高价后迅速回落下降。在这一过程中, MACD指标曲线回落至零轴附近, 伴随着股票价格的提升, 双曲线上扬, 红色柱子面积放大明显, 比第一次上涨时形成的红色柱子面积小, 在这种情况下, 表明背驰正式形成。

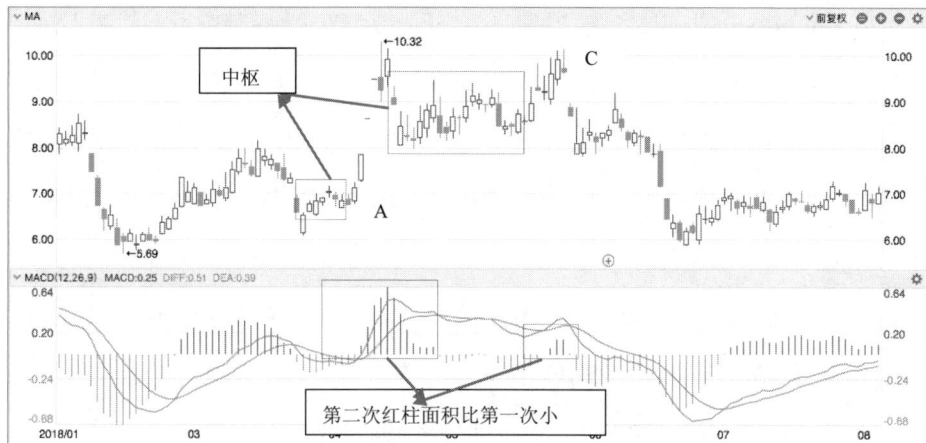

图7-1　背驰

背驰通常会导致价格出现转折，因此判断背驰对我们掌握买卖点非常重要。比如背驰处点C就是理想的卖点。

在操作中有一点需要注意，即趋势至少需要两个中枢，背驰无法发生在第一个中枢当中。

7.1.1　背驰的分类

从大类上来讲，博主将背驰分为趋势背驰和盘整背驰。

趋势背驰是指在趋势中产生的背驰。趋势背驰又可以细分为上涨背驰和下跌背驰。顾名思义，在上涨趋势中产生的背驰称为上涨背驰，在下跌趋势中产生的背驰为下跌背驰。

盘整背驰是指在盘整走势中产生的背驰。盘整背驰可以细分为盘整顶背驰和盘整底背驰。发生在往上盘整走势中的为盘整顶背驰，发生在往下盘整走势中的为盘整底背驰。

7.1.2　如何利用MACD判断背驰

关于如何利用MACD判断背驰，缠中说禅中给出了详细的方法。

首先要有两段同向的趋势。同向趋势之间一定有一个盘整或反向趋势连接，把这三段分别称为A、B、C；显然，B段的中枢级别比A、C段的中枢级别都要大，否则A、B、C段就连成一个大的趋势或大的中枢了；A段之前，一定是和B段同级别或更大级别的一个中枢，而且不可能是一个和A段逆向的趋势，否则这三段就会在一个大的中枢里了。

归纳来说，用MACD判断背驰的前提是，A、B、C段在一个大的趋势里，其中A段之前已经有一个中枢，而B段是这个大趋势的另一个中枢，这个中枢一般会把MACD的黄白线（也就是DIF和DEA）回拉到0轴附近。

而C段的走势类型完成时，对应的MACD柱子面积（向上的看红柱子，向下看绿柱子）比A段对应的面积要小，这时就构成标准的背驰。从这段关于背驰基本定义的描述，说明了最后一个中枢的破坏，即第三类买卖点是包含在离开中枢的次级别趋势中。

7.1.3 趋势背驰

前文提到，"没有趋势，没有背驰"，没有前后趋势的对比，力度也无法体现出衰竭，更别提背驰了。

这里我们需要再次熟悉一下趋势的概念，趋势是在任何级别的任何走势中，某完成的走势类型至少包含两个以上依次同向的走势中枢，就称为该级别的趋势。该方向向上就称为上涨，向下就称为下跌。

需要注意的一点是，趋势中的走势中枢之间必须绝对不存在重叠。

趋势背驰的产生有几种情况。首先，趋势一定有至少两个同级别中枢。对于背驰来说，肯定不会发生在第一个中枢之后，而是发生在至少是第二个中枢之后。对于那种延伸的趋势来说，很有可能在发生第100个中枢以后才出现背驰。当然，这种情况，一般来说很少见；第二个中枢后就产生背驰的情况，一般占了绝大多数的比例，特别在日线以上的级别，这种情况几乎达到90%以上。因此，如果一个日线以上级别的第二个中枢，就要密切注意背驰的出现。而在小级别中，如1分钟的情况下，这种比例要小一点，但也占大多数。一般四五个中枢以后才出现背驰的都相当罕见了。

构成趋势背驰的三个条件。

条件一：A、B、C三段中，其中A段与C段是同向趋势，B段是盘整或者反方向趋势。之所以B段是盘整或者反方向趋势就在于应形成两个中枢，如果B也属于同向趋势，则A、B、C段就构成了一个规模更大的中枢。

条件二：与A之前连接的应该是跟B段同级别（或者更大级别）的中枢，或者是同向趋势，否则A、B、C段就构成了一个规模更大的中枢。

条件三：C处股价比A处股价要高，但MACD指标的红色或者绿色柱子面积要小。B中枢区间双曲线返回0轴。

通常，满足前两个即可构成趋势背驰，但如果也满足了第三个条件，则趋势背驰更为标准。

股市行情走势中分为上涨趋势和下跌趋势，而趋势背驰也是在趋势的基础之上形成的。

在上升趋势或下跌趋势中，价格出现运行乏力或者即将进入相反趋势时，股价运行趋缓，此时常会出现缠论背驰形态，股价已经无法延续其原来的走势，价格的转折点出现，此时若能采用逆向交易，则能准确把握买卖时机，获得良好的投资效果。

7.1.4 盘整背驰

根据趋势背驰可以得出结论，背驰出现在第二个中枢后，而盘整背驰则不同。

如果在第一个中枢就出现背驰，那不会是真正意义上的背驰，只能算是盘整背驰，其真正的技术含义，其实就是一个企图脱离中枢的运动，由于力度有限，被阻止而重新回到中枢里。

盘整背驰的分辨并不复杂，一般来说，小级别的盘整背驰意义都不太大，而且其价值必须结合其所在位置。如果是高位，那风险就很大了，往往是"刀口舔血"的行动；如果是低位，那意义就不同了，因为多数的第二类、第三类买点，其实都是由盘整背驰构成的，而第一类买点多数是由趋势的背驰构成。

与此同时，第二类、第三类的买点都有一个三段的走势。第三段往往都突破第一段的极限位置，从而形成盘整背驰。注意：这里是把第一段、第三段看成两个走势类型之间的比较，这和趋势背驰里的情况有点儿不同。这两个走势类型是否一定是趋势，影响并不是很大，两个盘整在盘整背驰中也是可以比较力度的。

这里还需要补充一个定义，就是背驰段，也就是在某级别的某类型走势，如果构成背驰或盘整背驰，就把这段走势类型称为某级别的背驰段。

盘整背驰不像趋势背驰那样大幅震荡，能够使股价高位与低位间差额较大，因而盘整背驰实际上增加了投资者的把握难度，对技术要求更高，操作性也就略低。

跟盘整走势一样，如果盘整背驰出现在小范围内、小级别的，则实战意义不大，而小级别盘整背驰结束后所引起的转折也是极小的，由此股价差额不会很高，虽然能够抓住盘整背驰前后所出现的买卖点，但也不会有太大的收益。

使用盘整背驰寻找买卖点，这里有一点需要投资者注意。就是盘整背驰需要扩大级别进行操作。

在实际操作中，光看季度线是不可能找到精确的买点的，但对大资金来说，这已经足够了，因为大资金的建仓本来就是可以越跌越买，只要知道其后是一个季度级别的行情就可以了；但是对于小资金来说，这太浪费时间，精力投入也过大，因此精确的买点可以继续从月线、周线、日线，甚至30分钟K线一直找下去。如果技术过关，甚至可以现场指出，就在这1分钟，可以见到某只股票的历史性大底部。

学过数学分析，都应该对区间套定理有印象，这种从大级别往下精确寻找大级别买点的方法，和区间套其实是一个道理。

我们运用放大级别判断盘整背驰的方法来对某只股票进行分析。

季度K线图上的第三段，在月K线图上，可以找到针对月K线最后中枢的背驰段，而这个背驰段一定在季度K线的背驰段里，而且区间比之前的小，把这个过程从月K线延伸到周K线、日K线、30分钟K线、5分钟K线、1分钟K线，甚至是每笔成交，区间就会不断缩小，在理论上，甚至可以达到这样一种情况，就是明确指出，就这一笔是这只股票历史底部的最后一笔成交，这笔成交完成意味着这只股票一个历史性底部的形成与新时代的开始。

当然，上面讲的是最理想的情况，因为这些级别并不能够无限分解下去，因此，理论上并不能证明就是一个如极限一样的点状情况的出现，但用这种方法去确认一个十分精确的历史底部区间是不难的。

盘整背驰最有用的就是用在大级别上，特别是至少周K线级别以上的，这种盘整背驰所发现的，往往就是历史性的大底部。配合MACD，这种背驰是很容易判断的。

推而广之，可以证明精确大转折点寻找过程：某大级别的转折点，可以通过不同级别背驰段的逐级收缩范围确定。

换言之，某大级别的转折点，先找到其背驰段，然后在次级别图里找出相应背驰段，再在次级别里的背驰段，将该过程反复进行下去，直到最低级别，相应的转折点就在该级别背驰段确定的范围内。

如果这个最低级别可以达到每笔成交，理论上大级别的转折点就可以精确到笔的背驰上，甚至就是唯一成交的一笔。

7.2　上涨趋势背驰

上涨趋势背驰也就是走势在初次上升趋势中，股价上涨力度充足，上涨空间也很大，于是股价向上拉升较快。但是过了一段时间之后，原本初期能量充沛的上涨趋势中能量开始萎缩。

上升趋势中股价单边上涨空间巨大，尤其是上涨动力充足时，股价拉升很快，短时间内涨幅可远超预期。不过能量再充沛，也有用完的时候，缠论调整中枢后股价持续上涨，但此时上涨动力衰竭，进度减慢，涨幅收窄，则表明背驰出现，多头趋势将转为空头趋势，价格回落下跌。

此时出现调整中枢，调整中枢的出现，股价上涨动力衰竭，进度减慢，呈现一个小幅度的上下波动的状态。

最后继续出现上涨走势，但此时的上涨走势力度明显减弱，也就表明背驰出现。

上涨趋势背驰为投资者提供了理想的卖点，也就是在股价上升时涨幅收窄，如果有背驰形态出现，就应及早抛出手中持有的股票。

为什么呢？因为背驰的出现往往意味着后期趋势即将出现反转，而且价格震荡幅度很强，股价很可能在极短的时间内由高位跌至低位，所以为了避免损失，投资者应该当背驰出现之后做出决定。

如图7-2所示，左边图形B上涨段对比A上涨段上涨的幅度明显要小，所以B的趋势力度相对A的趋势力度弱了很多，因此出现背驰的可能性较大。

右边图形B上涨段对比A上涨段上涨的幅度要明显大很多，所以B的趋势力度相对A的趋势力度要强，因此出现背驰概率要低很多。

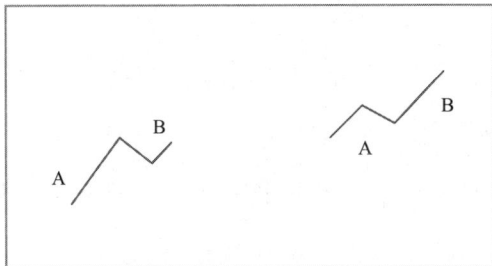

图7-2　上涨趋势背驰的分辨

中枢是构成背驰的必要条件,如图7-3所示。在A段后,股价双向波动较小,但股价涨跌频次增多,或涨或跌,整体在中枢的范围内。因此,我们将其判断为调整中枢。此时应该持续关注股价走势,由于并没有出现明显的反转形态,所以可持股观望,待走出中枢后观望其走势,再做决断。

调整中枢形成后,出现明显的力度减弱,B处涨幅收窄,量能逐渐萎缩,意味着股票价格已经见顶,而B处的趋势力度明显比A处的趋势力度要弱,出现背驰形态,股价即将见顶回落,应减仓。

图7-3　上涨趋势背驰K线图

总体而言,图7-3中,股价呈单边上升趋势,涨幅力度很大,在A后形成调整中枢,出现了一定的技术性回调,但上涨量能比较大,回调并没有阻挡上涨,整体仍为上涨趋势,但不难看出,涨幅力度减弱,在B处出现股价最高点,多头趋势转为空头趋势,是非常理想的卖点,应该高位卖出,获得收益。

人性是很复杂的,但普遍喜欢追涨杀跌,在股价呈单边上升趋势中,很难下定决心不追涨,所以往往会被高位套牢,这是非常不科学的。

上涨趋势中背驰的出现,很大程度上会为我们提供理想的卖点。因为背驰意味着转折,因而当我们通过力度、结构等对比,发现将出现背驰形态时,应做好准备,抓住时机,待股价高位时卖出,以使利益最大化。

7.3　下跌趋势背驰

下跌趋势背驰就是走势在初次下跌趋势中,股价下跌力度充足,下跌空间也很大,于是股价向下跌落较快。但是过了一段时间之后,原本初期能量充沛的下跌趋势开始萎缩。

此时出现调整中枢,调整中枢的出现,股价下跌动力衰竭,进度减慢,呈现一个小幅度的上下波动的状态。

最后继续出现下跌走势,但此时的下跌走势力度明显减弱,也即表明背驰即将出现。

下跌趋势背驰为投资者提供了理想的买点,也就是在股价下跌时跌幅收窄,如果有背驰形态出现,则可将持有的现金买进股票。

为什么呢?因为背驰的出现往往意味着后期趋势将出现反转,而且价格震荡幅度很强,股价很可能在极短时间内由低位涨至高位。所以,为了避免错失良机,投资者应在背驰出现之后再做出决定。

在实战中应切记,下跌趋势中出现背驰形态,这是价格跌至谷底将反转上涨的信号,也是我们建仓的时机。

如图7-4所示,左边图形B下跌段对比A下跌段下跌的幅度明显要小,所以B的趋势力度相对A的趋势力度弱了很多,因此即将出现背驰的概率性很高。

右边图形B下跌段对比A下跌段下跌的幅度要明显大很多，所以B的趋势力度相对A的趋势力度要强，因此不出现背驰的概率性更高。

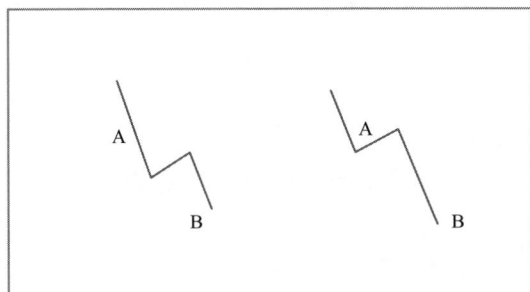

图7-4　下跌趋势背驰的分辨

前文提到，中枢是构成背驰的必要条件，如图7-5所示，可以看到，在A之后，股价双向波动较小，但股价涨跌频次增多，或涨或跌，整体还在中枢的范围内。因此我们将其判断为调整中枢。此时应持续关注股价走势，如果并没有出现比较明显的反转形态，应持币观望，待走出中枢观望走势后再做决定。

调整中枢后，出现明显的力度减弱，B处跌幅空间缩小，意味着股价不会继续维持下跌趋势，而且B处的趋势力度明显比A处的趋势力度要弱，呈现出背驰形态，表明股价即将见底反弹，此时是建仓的良好时机。

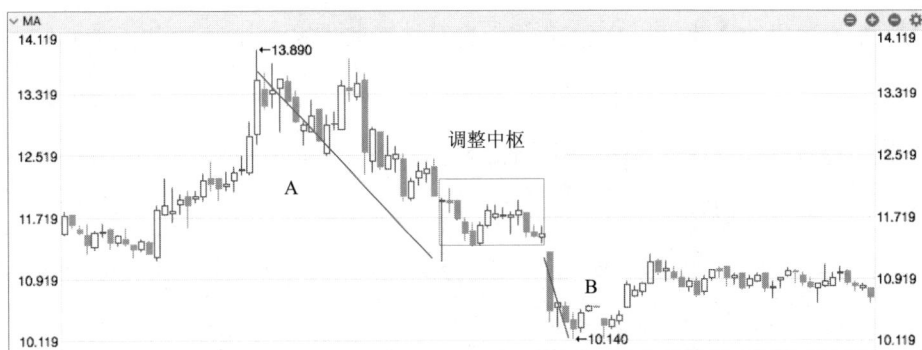

图7-5　下跌趋势背驰K线图

总结来看，在图7-5中，股价呈单边下跌趋势，且跌幅力度非常大，在A后出现技术性反弹走势，形成调整中枢，但无法扭转下跌走势，整体而言仍是下跌趋势。但在调整中枢出现后，股价跌幅力度减弱，在B处股价见底后，多头趋势逐渐取代空头趋势，占据优势，为理想的买入点，应该在此低位建仓，用较少的资金获得更多的筹码。

一般来说，当形成最后一个本级别中枢的第一类买点后的趋势力度比该中枢之前的次级别连接趋势力度弱，即出现背驰形态，意味着股价下跌空间缩小，见底反弹。

而下跌趋势中一旦出现背驰形态，往往意味着最佳买点出现，投资者可选择重仓持股。

从上涨趋势背驰和下跌趋势背驰的形成过程和现象可以看出，投资者既应掌握缠论的生成原理、形态和重点，也应掌握背驰的力度、级别等，因为这有利于投资者抓住交易机会，防止错失良机。

7.4　顶背驰与底背驰

所谓顶背驰，就是最后这个中枢，向上离开的力度比向下离开的力度要弱，而中枢有这样的特性，就是对无论向上还是向下离开的力，都具有相同的回拉作用。既然向上离开比向下离开要弱，而向下离开都能拉回中枢，那么向上的离开当然也能拉回中枢。对于b+B+c向上的走势，就构成顶背驰。而对于b+B+c向下的走势，就构成底背驰。

如图7-6中的左边图形所示，上涨趋势A+中枢+上涨势趋势B中，B的力度小于A的力度，B为顶背驰。

如图7-6中的右边图形所示，下跌趋势C+中枢+下跌势趋势D中，D的力度小于C的力度，D为底背驰。

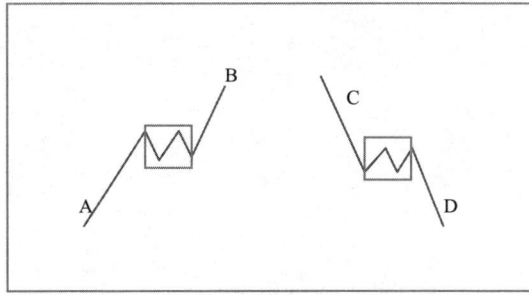

图7-6 顶背驰与底背驰

在实战中，当顶背驰形态出现时，投资者可以选择清仓；当底背驰形态出现时，投资者可以选择建仓。

第8章

三类买卖点的确立

缠论中的买卖点分为三类,即第一类买卖点、第二类买卖点、第三类买卖点。而买卖点关系到整个股市操作。

买卖点是划分股市走势类型的关键,更是股市操作的根本。缠论当中,不管是理论也好,技术也罢,都是为了投资者能够应用在股票市场中获取利润。

本章介绍的三类买卖点是缠论当中最为核心的实操应用内容之一,具有极高的实操意义。

8.1　第一类买卖点解析

缠论当中的买卖点共分成三类，简单说来，就是第一类买卖点、第二类买卖点和第三类买卖点。这三类买卖点直接关系到整个股市的操作。

对于单一品种的持股者和投资者来说，应该正确利用缠论中的买卖点来建仓和出仓，牢牢掌握"买点买，卖点卖"的原则，同时熟记并应用"买点总是在下跌走势中形成，卖点总是在上涨的走势中形成"的规律。

根据股票市场中不同的买卖点，可以将这个股市走势类型进行划分，分为上涨、盘整及下跌。而走势类型的划分，也是便于投资者能够在买点上找到低价建仓的机会，在卖点上找到高抛获利的机会。这对投资者而言，无疑是最关注的操作指导论。

缠论当中提到"走势终完美"的观点，即任何一种走势类型在完成之后，必然要转化成其他走势类型。

走势规律在于，一个下跌走势类型完成之后，就会形成上涨或者是盘整的走势类型；一个上涨走势类型完成之后，就会形成下跌或者是盘整的走势类型。

第一类买卖点是走势类型变化的分界点，是前一趋势结束、后一走势类型开始出现的转折点。

如果投资者在股市投资过程中能够抓住下跌转折时的分界点，就可以很容易地找出有利的买入位置，此买入位置就是缠论当中的第一类买点。

同理，在股市投资过程中如果能把握住上涨转折时的分界点，就可以找出一个有利的卖出位置，此时这个卖出位置，就是缠论当中的第一类卖点。

第一类买卖点最大的标志就是背驰，这是对于标准的趋势来说，背驰是趋势结束的标志。因此，在一般股票市场情况中用背驰来判断走势类型是否结束。

但是对于股市中的趋势而言，必然会知道前面有一个结束点在对应着。在上涨趋势买点进入的投资者，可安心持有相应股票，等股市出现顶背驰之后再选择减持退出。在下跌趋势退出的投资者, 也应该持币观望, 等待机会, 当对应的底背驰出现之后再选择进入市场, 低价建仓。

当然, 股市当中的走势并不像理论当中的那样标准和完美, 趋势的结束并不一定都是由背驰形成的, 以下罗列的三种情况都有可能成为趋势结束的方式。

第一种: 以背驰的形式结束。

第二种: 以最后一个中枢的盘整背驰结束。

第三种: 以小级别趋势结束, 从而结束大级别趋势。

相较而言, 这三者还是有比较大的差异的: 第一种是最标准的结束方式, 而第二种结束方式与第一种有所不同, 第一种背驰, 最后一个中枢必然首先沿着趋势方向结束, 然后再进入背驰段。第二种方式最后一个中枢震荡的最高点(或最低点), 就是趋势的转折点。第三种结束的方式通常在大幅上涨大幅下跌之后才发生。从本级别来看, 趋势没有出现背驰, 只是小级别的背驰引发了更大级别的转折。

8.1.1　一类买点解析

第一类买点与背驰的关系密切。缠论中给出了第一类买点的定义, 即在某级别下跌趋势中, 一个次级别走势类型往往是在跌破最后一个中枢后形成的背驰点。

（1）如图8-1所示, 在a+A+b+B+c中, b段的之前出现了一个中枢A。B是下跌趋势中的另一个中枢, c段趋势力度相比较b段趋势较弱, 跌破了最后一个中枢, 形成背驰点。图中椭圆形中的点就是缠论中的第一类买点, 下跌趋势中的背驰点。

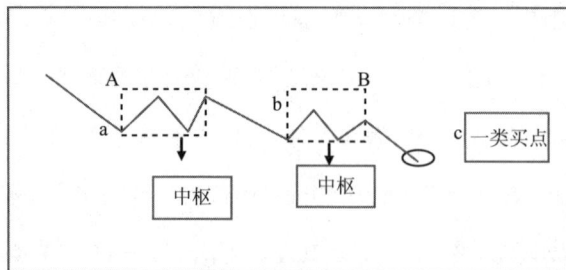

图8-1　第一类买点

（2）将理论与图8-1相结合，总结出形成第一类买点的满足条件，在次级别中，次级别跌破最后一个走势中枢，形成背驰。

我们以图8-2股市K线图为例，分析第一类买点的具体形态。

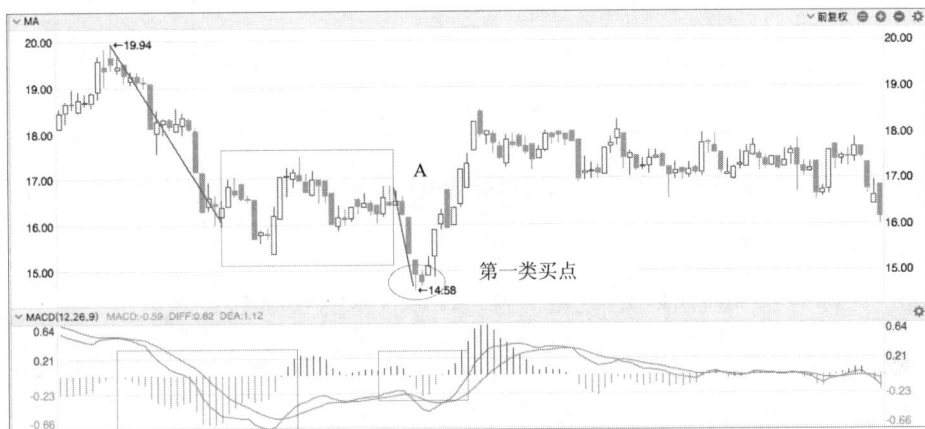

图8-2　第一类买点K线示意图

从MACD指标可以看出，第一个方框的面积明显大于第二个方框的面积，这说明第二根下跌的线段的柱线面积要小于第一根下跌的线段的柱线面积。因此，此处形成底背驰，所以图中最低点14.58元即为投资者可以选择建仓的价格。

由图8-2可知，股市处于下跌的过程，在A处形成第一类买点。

8.1.2　一类卖点解析

第一类卖点同样与背驰的关系较为密切。

缠论中第一类卖点的定义：在某级别的上涨趋势中，一个次级别走势类型向上突破最后一个中枢后形成的背驰点。

（1）如图8-3所示，在a+A+b+B+c中，b段之前出现了一个中枢A。B是上涨趋势中的另一个中枢，c段趋势力度相比较b段趋势较弱，c段的高点为背驰点，即图中椭圆形中的点就是缠论中的第一类卖点，上涨趋势中的背驰点。

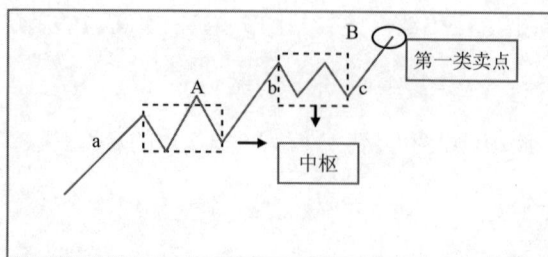

图8-3　第一类卖点

（2）将理论与图8-3相结合，总结出形成第一类卖点的满足条件，在次级别中，次级别突破最后一个中枢，形成背驰。

我们以图8-4股市K线图为例，分析第一类卖点的具体形态。

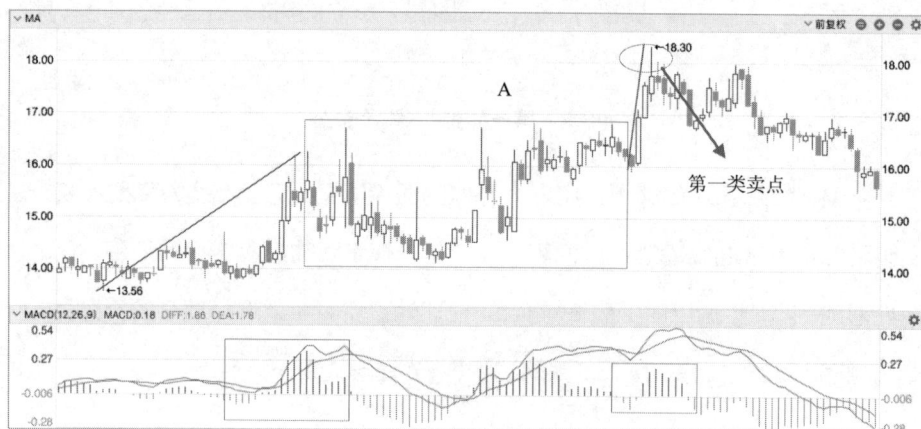

图8-4　第一类卖点K线示意图

从MACD指标中可以看到，第一个虚线方框的面积远大于第二个虚线方框的面积，这表明第二根上涨线段的柱线面积要小于第一根上涨线段的柱线面积。此处出现顶背驰，图中18.3元处持股者可以选择减仓或清仓，也就是卖出。

由图8-4可知，股市处于上升的过程中，在A处形成第一类卖点。

8.1.3　注意事项

关于缠论中的第一类买卖点，投资者还是需要谨慎对待，尤其要从以下四个方面引起注意：市场强度、次级别走势类型的走势力度、自身操作技术和操作心理等大局因素，保持冷静，灵活分析市场形势。

首先：针对个股，投资者首先要关注整体的市场强度。如果整体市场强度配合，那么趋势结束之后，转化为反趋势的可能性较大；如果整体市场强度不配合，则转化为盘整的可能性较大。

其次，观察第一类买卖点出现之后，第一个次级别走势类型的走势力度如何。如果该次级别走势类型较为疲软，仅仅回到原趋势最后一个中枢之中，那么后续转化为盘整走势类型的可能性较大。

再次，所谓把握第一类买卖点就是抄底和逃顶。但是对于初级投资者来说，抄底逃顶是一个较困难又具有技术性的操作，需要较高的水平才能实现，需要综合基本面、技术面、心理面等多方面因素及较大的信息量和较高的信息分析水平。

最后，同样针对初级投资者来说，可以不参与第一类买卖点，而仅仅把第一类买卖点当作划分走势类型的关键点，了解自身所处的走势类型。

8.2　第二类买卖点解析

缠论中说第二类买卖点与第一类买卖点紧密相连，因为出现第一类买点后，必然只会出现盘整与上涨的走势类型。而第一类买点出现后的第二段次级别走势低点就构成第二类买点。根据走势终完美的原则，其后必然有第三段向上的次级别走势出现，因此该买点也是绝对安全的。第二类买点不是必然出现在中枢的上或下，可以在任何位置出现。在中枢下出现的，其后的力度就值得怀疑了，出现扩张性中枢的可能性极大。在中枢中出现的，出现中枢扩张与新生的机会对半。在中枢上出现的，中枢新生的机会就很大了。但无论哪种情况，赢利是必然的。

关于第二类买卖点，可从中枢形成的角度、从时间的角度、从空间的角度及从组合类型的角度分析。

具体来说，这四种分析角度展开论述如下。

从中枢形成的角度上来看，第二类买卖点的意义就是原趋势结束，新的走势类型展开，因为新的走类型必然有一个中枢，否则便不能称作走势类型。根据中枢都必然至少由三个次级别走势类型构成。因此，第二类买卖点走势类型结束，第三个次级别走势类型开始。

从时间的角度上来看，第二类买卖点是在第一类买卖点之后出现的。首先，利用第一类买卖点来确认前趋势的结束。若是趋势不结束，则新的走势类型不开始，是不可能有第二类买卖点的，也只能是原趋势中枢震荡的买卖点。

从空间的角度上来看，第二类买卖点相对于第一类买卖点有几种位置关系。以上涨趋势为例进行分析。

其一，第二类买点的位置应该高于第一类买点，即高于前趋势的最低点。这种情况的走势力度正好，不强不弱。

其二，第二类买点的位置低于第一类买点，这种情况的走势力度较弱，后续形成下跌盘整的可能性比较大。

其三，第一类买点之后的第一个次级别上升突破前一个下跌趋势的最后一个中枢的高点，后续回抽不再进入最后中枢之中。这种情况是最强的走势。

从走势类型组合的角度上来看，从第一类买卖点到出现第二类买卖点的期间要经过两个次级别走势类型。以上涨为例，这两个次级别走势类型的组合可能有三种方式：上涨+盘整，上涨+下跌，盘整+下跌。如果第一类买点之后的走势类型是盘整，即该走势较弱。如果是上涨，即当第二个走势类型以盘整的方式完成，其后的走势力度通常是最强的。如果是以下跌的方式进行，即其后的走势力度会比较弱。

8.2.1　二类买点解析

通过前面的学习可知，第二类买点是由第一类买点派生而来的，一定会出现在第一类买点之后。

缠论中给出了第二类买点的定义，即在某个级别中，第一类买点的级别上涨后再次下跌的那个次级别走势的结束点，即第二类买点。

（1）如图8-5所示，在a+A+b+B+c中，下跌趋势的背驰点处出现了第一类买点，如图中左边的椭圆形中的买点；之后在底部反弹，随即回落，形成图中走势右边的椭圆形，也就是第二个低点，此低点就是第二类买点。由第一类买点与第二类买点的关系可知，第二类买点出现在第一类买点之后。

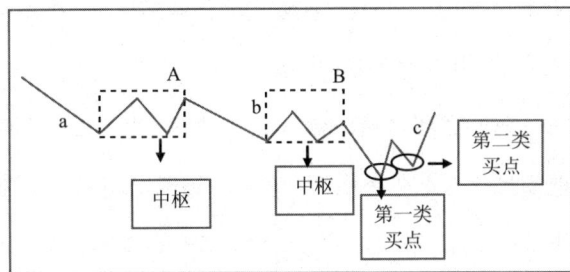

图8-5　第二类买点

（2）将理论与图8-5相结合，总结出形成第二类买点的满足条件，第二类买点出现在第一类买点之后，且下跌跌破中枢，走势结束。

我们以图8-6股市K线图为例，分析第二类买点的具体形态。

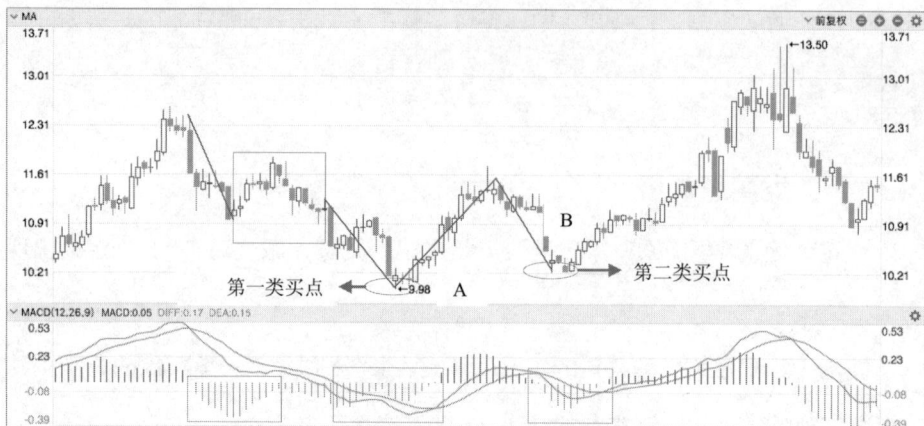

图8-6 第二类买点K线示意图

从MACD指标可以看出,DIF曲线在第一类买点处达到最低点,在左边的椭圆形A处形成第一类买点,随后迅速上升,出现买入信号。在第一类买点形成之后,股价出现触底反弹,形成次级别的上升,在此之后迅速回落,形成右边B处的第二类买点。可以看到,图中形成两个买点,无论是图中第一类买点还是第二类买点,都是建仓的好时机,投资者可以理性建仓投资。

根据缠论可知,第二类买点是和第一类买点紧密相连的,图中出现第一类买点后,紧接着出现了上涨的走势类型,而第一类买点出现后的第二段次级别走势低点,就构成了第二类买点,根据缠论走势终完美的原则,其后必然有第三段向上的次级别走势出现,如图8-6所示,在第二段次级别走势之后,出现了股价最高点,因此第二类买点也是绝对安全的。

由图8-6可知,股市处于下跌过程当中,在A处形成第一类买点,随后出现反弹,但接下来又出现了次级别的回调,回调到低点B处形成第二类买点。

8.2.2 二类卖点解析

和第二类买点的形成一样,第二类卖点是由第一类卖点派生而来的,并出现在第一类卖点之后。

缠论中给出了第二类卖点的定义，即在某个级别中，第一类卖点的级别下跌后再次上涨的那个次级别走势的结束点，即第二类卖点。

（1）如图8-7所示，在a+A+b+B+c中，上涨趋势的背驰点处出现了第一类卖点，如图中左边的椭圆形中的卖点；之后股价见顶回落，随即反弹上涨，形成了图中走势右边的椭圆形，也就是第二个高点，此高点就是第二类卖点。由第一类卖点与第二类卖点的关系可知，第二类卖点出现在第一类卖点之后。

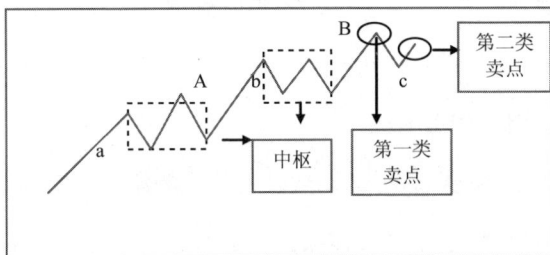

图8-7　第二类卖点

（2）将理论与图8-7相结合，总结出形成第二类卖点的满足条件，第二类卖点出现在第一类卖点之后，且上涨突破中枢，走势结束。

8.3　第三类买卖点解析

第三类买卖点是指在某级别中枢的震荡过程中，如果一个次级别走势类型突破该区间，其后的第二个次级别走势类型不再进入中枢区间，那么第二个走势类型的极限点为第三类买卖点。

缠中说禅里面谈到第三类买卖点定理：一个次级别走势类型向上离开走势中枢，然后以一个次级别走势类型回试，其低点不跌破ZG，则构成第三类买点；一个次级别走势类型向下离开走势中枢，然后以一个次级别走势类型回抽，其高点不升破ZD，则构成第三类卖点。

缠论中说第三类买点是中枢扩张或新生产生的。

关于第三类买卖点，可从中枢形成的角度、从时间的角度及从空间的角度分析。

这三种分析角度分别有如下释义。

从中枢形成的角度上来看，第三类买卖点代表中枢结束。即三类买点就是次级别走势类型向上突破中枢，其后的回调不再回到中枢区间；三类卖点就是次级别走势类型向下跌破中枢，其后的回抽不再回到中枢区间。

从时间的角度上来看，在同级别趋势中，第一、第二、第三类买卖点必然是按照顺序形成的。这里以买点为例，第一类买点代表前下跌结束，第二类买点代表新走势类型第一中枢开始，第三类买点代表新趋势第一中枢结束。第二、第三类买卖点之间是中枢震荡，此时没有该级别的买卖点。

从空间的角度上来看，在同级别趋势中，第一类买点与第二类买点是前后出现的，因此不产生重合。第一类买点与第三类买点，一个在中枢之下，一个在中枢之上，因此也不产生重合。只有第二类买点与第三类买点是有可能重合的，即第一个次级别上涨突破前下跌趋势最后一个中枢的高点，其后次级别回调不再回到原中枢。此时，其后的走势力度非常大。同时，股市中一个趋势确定之后，不可能再出现第一类买卖点与第二类买卖点，只能有第三类买卖点。

8.3.1 三类买点解析

缠论中给出了第三类买点的定义，即第三类买点是由第一类买点形成后，某一次级别走势向上脱离中枢的区间范围，然后出现次级别回试，但是低点没有突破ZG，形成第三类买点。

第三类买点是派生而来的，出现在第一类买点之后。

（1）如图8-8所示，在a+A+b+B+c中，下跌趋势的背驰点处出现了第一类买点，如图中左边的椭圆形中的买点；之后在底部反弹，随即回落，形成了图中走势中间的椭圆形的低点,也就是第二个低点,此低点就是第二类买点。走势没有结束,随后次级别走势向上脱离中枢,以一个次级别走势的回试,没有突破图中的横线处ZG,形成第三类买点。

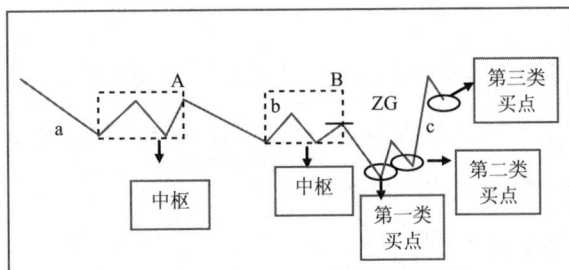

图8-8　第三类买点①

(2)将理论与图8-8相结合,总结出形成第三类买点的满足条件,第三类买点出现在第一类买点之后,且下跌不跌破ZG,走势结束。

(3)如图8-9所示,在a+A+b+B+c中,下跌趋势的背驰点处出现了第一类买点,如图中左边的椭圆形中的买点;第一类买点形成之后,一个次级别的走势向上脱离中枢,接着以一个次级别走势回试,回试的低点,也就是图中右边椭圆形处的点,形成第三类买点。

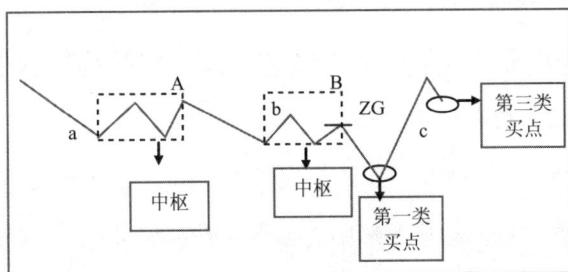

图8-9　第三类买点②

(4)投资者需要注意,由第三类买点的定义可知,第三类买点是出现在第一类买点之后,即必须有第一类买点,才会形成第三类买点,但是不代表必须有第二类买点。

8.3.2 三类卖点解析

第一类卖点形成之后，某个次级别走势向下离开走势中枢，其后以一个次级别走势回抽，高点不升进中枢区间内，形成第三类卖点。

（1）如图8-10所示，在a+A+b+B+c中，上涨趋势的背驰点处出现了第一类卖点，如图中左边的椭圆形中的卖点；之后见顶回落，随即反弹上涨，形成了图中走势中间的椭圆形的高点，也就是第二个高点，此高点就是第二类卖点。走势没有结束。随后，次级别走势向下脱离中枢，以一个次级别走势的回抽，没有突破图中的横线处ZD，形成第三类卖点。

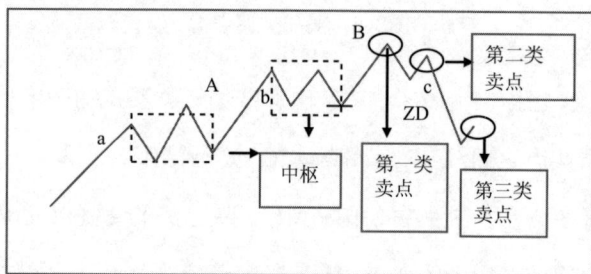

图8-10　第三类卖点①

（2）将理论与图8-10相结合，总结出形成第三类卖点的满足条件，即第三类卖点出现在第一类卖点之后，且上涨不突破ZD，走势结束。

（3）如图8-11所示，在a+A+b+B+c中，上涨趋势的背驰点处出现了第一类卖点，如图中左边的椭圆形中的卖点；在第一类卖点形成之后，一个次级别走势向下脱离中枢，接着以一个次级别走势类型回抽，但是回抽没能够突破中枢的边缘ZD，回抽的高点，即右边椭圆形中的高点位于中枢的下方，直接从第一类卖点形成了第三类卖点。

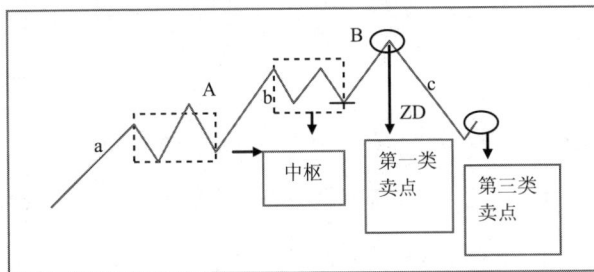

图8-11　第三类卖点②

（4）观察图8-10和图8-11可以发现，第三类卖点的出现可以直接从第一类卖点形成后形成。

8.4　三类买卖点的完备性

三类买卖点都是百分之百安全的买卖点，该买卖点一旦确认，股市必然会发生转折。

由前面关于中枢的分析可知，在走势中的任何一个点，必然面临两种可能：走势类型的延续和走势类型的转折。也就是说，对于一个必然的买点，必须满足两种情况：一是一个向上的延续，只能是在一个上升过程中产生。二是一个由下往上的转折，被转折的前一段走势类型只能是下跌或者盘整。

我们以买点为例，上升延续过程中产生的买点，前面必然存在一个中枢，而转折，无论是下跌还是盘整，买点之前必然有一个走势中枢，所有买卖点都必然对应着与该级别最靠近的一个中枢。

对于中枢，有如下三种情况：延续、扩张、新生。下面分别进行讲解。

中枢延续，在中枢之上不可能有买点的，因为中枢延续必然要求所有中枢之上的走势都必然转折向下，则只能有卖点。

中枢扩张，在中枢之上都会存在买点，即第三类买点，中枢扩张导致一个更大级别的中枢。

中枢新生形成一个上涨趋势，这就是第三类买点后必然出现延续、扩张两种情况。

对于投资者来说，更大级别的中枢肯定没有一个马上出现的上涨趋势更有吸引人。但是有一点可以肯定，只要符合第三类买点的条件，之后必然是赢利的。

关于三类买卖点之间的关系，缠论中也分别做了介绍，这里进行汇总分析。

以买点为例，三类买点之间的关系为：第三类买点和第一类买点是紧密相连的；第二类买点不是必然出现在中枢之上或之下；第一类买点与第二类买点是前后出现的，不可能产生重合。

对于第三类买点和第一类买点是紧密相连的情况，因为出现第一类买点后，必然只会出现盘整与上涨的走势类型。第一类买点出现后的第二段次级别走势低点，就构成第二类买点。根据走势终完美的原则，其后必然有第三段向上的次级别走势出现，因此该买点也是绝对安全的。

对于第二类买点不必然出现在中枢之上或之下的情况。中枢下方出现的，其后的力度就值得投资者怀疑了，出现扩张性中枢的可能性极大。在中枢中部出现的，出现中枢扩张与新生对半。在中枢之上出现的，中枢新生的机会就很大了。但无论哪种情况，都是会赢利的。

对于第一类买点与第二类买点是前后出现的情况，不可能产生重合。而第一类买点与第三类买点，一个在中枢之下，一个在中枢之上，也不可能产生重合。只有第二类买点与第三类买点有可能重合，这种情况就是第一类买点出现之后，一个次级别走势凌厉地直接突破前面下跌的最后一个中枢，然后在其上产生一个次级别的回抽，不触及该中枢，这时候就会出现第二类买点与第三类买点重合的情况。

在实际操作中，一旦出现第二类买点与第三类买点重合这种情况，往往会出现一个大级别的上涨。

而股市中的任何上涨与下跌，都必然从三类买卖点中的某一类开始和结束。

即任何股市的走势完全由这样的线段构成，线段的端点是某级别三类买卖点中的某一类。

之前说三类买卖点都是百分之百安全的买卖点，而所谓的绝对安全，是需要在这个绝对安全上做一个合适的波动范围，等股市中绝对安全的买卖点比较明确了，再选择介入才可行。但是这个具体的范围是多少，要视市场强度、走势力度、级别及个人的风险承受度来定。

8.5 利用K线寻找买卖点

如何利用K线组合来把握三类买卖点呢？

首先，随股市更换操作级别。其次，把握买卖点操作节奏。最后，遵循市场本质的节奏。

针对利用K线把握三类买卖点需要注意的三个方面，下面一一进行解析。

其一，随股市更换操作级别。这句话的意思就是在股市中所有的买点都是第一类买点，所有的卖点都是第一类卖点，只是级别不同而已。

随股市更换操作级别的操作方法：对于第一类买卖点的把握，只需要掌握第一类买卖点的判断方法即可；对于第二类买卖点及第三类买卖点，只要切换级别，可在小级别上运用第一类买卖点的判断方法进行把握。

其二，把握买卖点操作节奏。即所有的买点都是在下跌中形成的，所有的卖点都是在上涨中形成的。

把握买卖点操作节奏：买点买，卖点卖。避免"追涨杀跌"的习惯。买点只出现在下跌中，投资者要知道没有任何品种值得追涨，要防止因追涨而被套牢；没有任何品种值得杀跌，若投资者反复杀跌，那么账户资金将在一次次止损中不断减少。

在这里再次重申，股市投资中不能追涨杀跌。

其三，遵循市场本质的节奏。市场本质的节奏就是投资者在市场中的交易行为，即理智地、合理地选择买点与卖点，莫要过于恐惧与贪婪。

遵循市场本质的节奏，莫要过于恐惧与贪婪。对于恐惧，投资者要知道买点总在下跌中形成，这时不要让恐惧占据理智的上风；对于贪婪，投资者要知道卖点总在上涨中形成，这时更不要让贪婪占据现实的上风，以免亏空。

以第一类买卖点为例，对于某级别的第一类买卖点，应当以高一级别的反转K线组合来判断。

具体以日线级别进行分析：对于日线级别趋势的第一类买点，可以利用周线级别的底部反转K线组合来把握，用日线级别的走势类型及转化来验证该第一类买点的有效性；对于日线级别趋势的第一类卖点，可以利用周线级别的顶部反转K线组合来把握，用日线级别走势类型及其转化来验证该第一类卖点的有效性。

若该第一类买卖点被确定是有效的，那么投资者就可以进行买入或者卖出。

若是抄一个日线级别趋势的底部，可不看日线级别的走势图，只看周线级别的走势图。

具体以日线级别进行分析。若周线级别上不出现底部反转K线组合，则不会出现日线级别的第一类买点；若周线级别走势上出现了底部反转K线组合，则很有可能是一波新的日线级别上涨的第一类买点已经包含其中。

若周线级别走势上出现了底部反转K线组合（底部K线组合包含上涨持续形态）的这种情况，投资者应该下降级别去看看前面的日线级别下跌是否出现明显的走势类型转化的情况，以及是否出现明显的背驰或者盘整背驰，或者出现急跌之后小级别背驰转化为大级别反弹的情况。如果有，则可确认该日线级别上涨的第一类买点，此时投资者可以考虑买入做多。

利用上面的方法来把握第一类买卖点，可能会出现一个问题，即包含日线级别趋势第一类买卖点的周线级别走势底部反转K线组合力度特别大的情况。

针对包含日线级别趋势第一类买卖点的周线级别走势底部反转K线组合力度

特别大的情况：对于买点来说，等该周线级别走势底部反转K线组合完成之后，日线级别的第一段可能后续已经出现了很大的上涨幅度；对于投资者来说，最好不要参与涨幅特别大的股票，要是日线级别趋势第一段就初选已有巨大涨幅的股票，之后往往会陷入较大幅度的回跌或者较长时间的调整，第二波上涨通常会出现盘整背驰的情况。

在具体操作中，持股者可以选择那种反转力度较强，但是第一段上涨幅度不是特别大的股票。理论上，对于第一段上涨幅度不是特别大的股票，则第二类买点大多数情况距离真正的底部不会太远。

第9章

级别的实战应用

级别本质上与时间无关，也不是时间结构。级别只是按照本博主设定的规则，自己生出来的一种分类方法。

缠论操作应用的奥妙在于级别，运用缠论理论操盘，首先就要确定操作级别，短线操作者、中期操作者、长期操作者最大的区别就在于所使用的操作级别不一样，不过传统技术中对级别的划分不够理性，而缠论则将级别作为重要理论予以解剖，如能掌握缠论级别，则能更好地应对股市中的各种状况，从而提高赢利空间和水平。

至于如何选择级别，只有认真学习这一章的内容，才能更好地应用级别。本章主要介绍级别的分类及如何选择级别。

9.1　级别和时间图

缠论 K 线分析技术中将周线、日线及日线级别之下的一些级别作为划分。

为什么要选择级别？这一点是我们学习的关键，因为级别是分析走势类型的前提所在。也就是说，没有级别也就没有走势类型。

根据缠论，是选取相邻的三个级别，以三级别联立的方法辅助进行分析与操作，即在级别一上做波段，在级别二上做趋势，在级别三上验证级别二的买卖点。

9.1.1　级别的定义

缠论当中定义了走势的级别。何为走势的级别？从最严格的意义上来讲，可以从每笔成交构成的最低级别图形不断按照中枢延伸、扩展等的定义精确地确认出来，这也是最精确的。这时不涉及其他时间图，比如 5 分钟级 K 线图、30 分钟级 K 线图、周线、月线等，都没有影响。因为"用 1 分钟、5 分钟、30 分钟、日线、周线、月线、季线、年线等的级别安排，只是一个简略的方式，最主要是现在可以查到的走势图都是这样安排的。"

在上面这段话中，定义出了级别的一个特性，即级别是一种用于分析股市的重要分类方法。

博主对级别的本质也给出了具体解释，即级别。本质上与时间无关，级别也不是什么时间结构。级别只是按照本 ID 的规则，自生出来的一种分类方法。而所谓的时间结构，本质上和电脑软件上的 K 线时间周期选择一样。级别与时间，本质上没有太大的关系。

根据缠论对于级别的描述，即级别是一种与时间无关的，按照缠论走势中枢、中枢延伸、中枢扩展、走势类型等规律自然生长出来的走势分类方法。

9.1.2 级别的作用

根据级别的定义便能够分析出级别的作用。在用缠论进行实际操作的时候，要选择最低级别和最低级别的走势类型，然后才可以根据中枢和中枢扩张，定义和总结出更高级别的走势类型，这是最基本的操作方法。

为了便于分析，通过将1分钟、5分钟等更大级别的股市走势类型作为最低级别，通过对最低级别的分析得出更大级别的走势类型，从而忽略最低级别的波动，这是分析股市行情的重要方法。

1. 同一时期，不同级别的走势类型也许不尽相同

选取一只股票，从5分钟K线图、日K线图及周K线图中观察走势，可以更清晰准确地理解级别的意义。

如图9-1所示，为某只股票的5分钟K线图。从K线图形态特征来看，股票走势在达到最高点9.27元时，开始出现下跌，虽然在下跌过程中出现了几次的上涨和下跌波动，但是从整体上来看，股票还是呈现出下跌的状态和趋势。

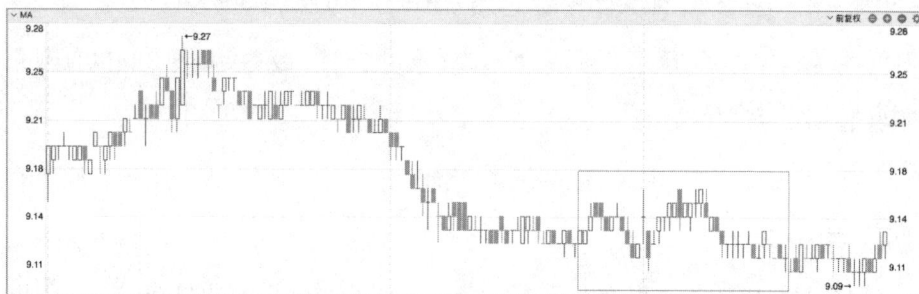

图9-1　5分钟K线图

如图9-2所示，日K线图展示出的K线形态特征，股票走势在出现第一个上涨之后，呈现出来图中方框中的盘整，在盘整结束后，又一次形成大幅的价格上涨，同时达到了股票的最高价格达到9.83元。

图9-2 日K线图

如图9-3所示,是同一只股票在周K线图上的表现。从这三个K线图可以看出,该股票的走势在5分钟K线图中呈现下跌趋势,在日K线图的盘整趋势中出现了第一个上涨,股价有所上升,达到了最高的13.19元。但随后也出现下跌趋势,下跌过后形成了方框中的小幅度上涨和下跌的盘整,但力度始终不是很大,所以周K线图在整体局势中呈先上涨后下跌的状态。

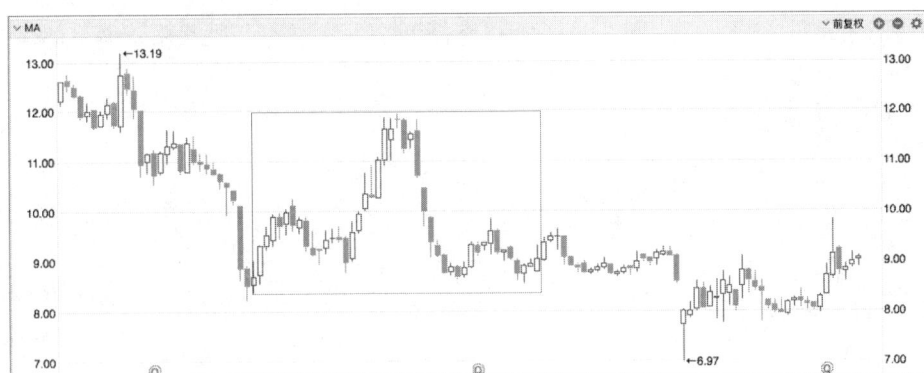

图9-3 周K线图

从该股票周K线图、日K线图及5分钟K线图的走势当中可以看出,不同级别的走势类型不完全一致。这也就表明了一个道理,没有级别就没有相应的走势类型,没有对走势类型的进一步判断,就无法进行下一步的实际操作。

2. 利用级别,选择适合自己的操作周期

级别不同,相对应的操作周期也不同。我们再以一只股票为例,看一下周K

线图和月K线图有什么显著的不同，以此来理解什么叫不同级别和合适的操作周期。

如图9-4所示，周K线图展示出来的走势类型中的盘整对应的操作周期是24个周，约为120个交易日。这是周K线图下的走势类型。

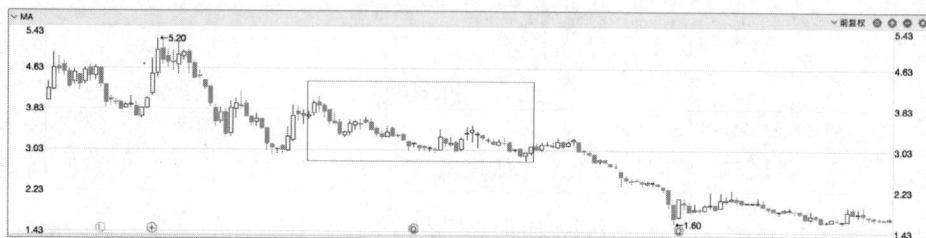

图9-4　周K线图

（1）如图9-5所示的月K线图，从K线形态特征来看，周K线图中的走势类型中的盘整对应的操作周期是四年多。

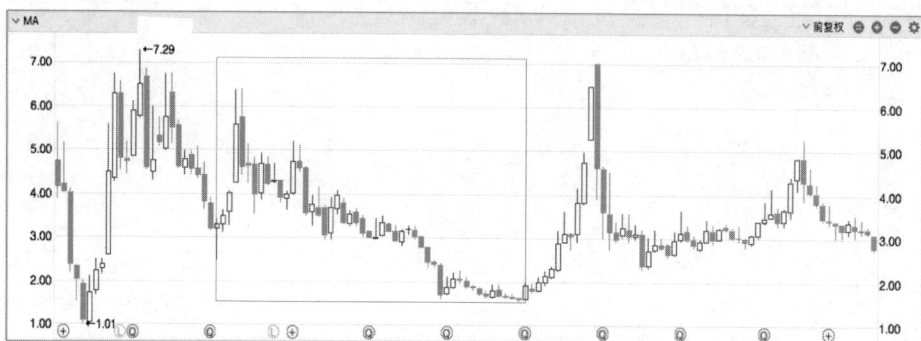

图9-5　月K线图

（2）从这个角度来看，持股者应根据自身资金大小，看盘时间，对波动空间承受的大小，对操作技术的高低进行分类。由于每个人的实际情况、操作能力不一样，所以更要求每一个人要从实际出发，选择适合自己的操作级别，这样才是最好的选择。

3. 级别与走势的波动范围相关

级别与走势的波动范围息息相关, 大级别与小级别的波动范围有各自的特点。

我们以某只股票的周K线图与5分钟K线图为例, 探讨一下大级别与小级别的波动范围特点。

如图9-6所示的周K线图, 周K线图的级别要远大于5分钟K线图, 在走势上波动范围较大。

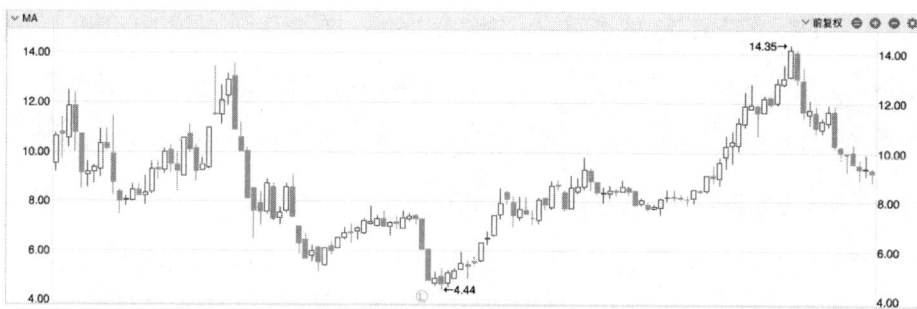

图9-6　周K线图

（1）如图9-7所示, 5分钟K线图的级别要小于周K线图, 在走势上波动范围较小。

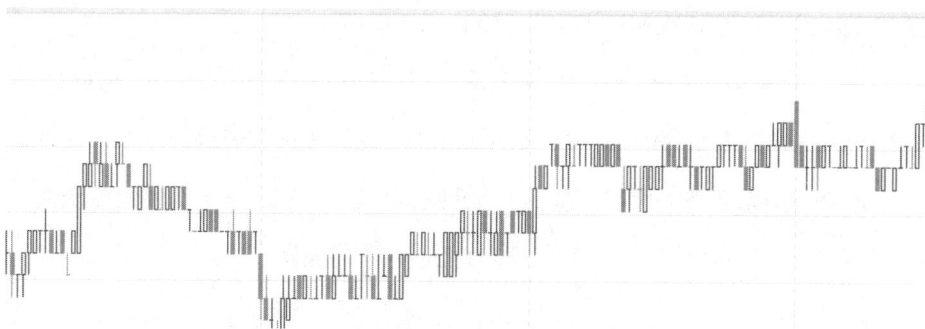

图9-7　5分钟K线图

（2）持股者可根据所选级别的波动范围, 进一步决定自己的资金或者是筹码安排。一般原则是: 大级别上做大势, 小级别上做小势。

9.1.3 级别和时间图的关系

想要分析级别就离不开时间图,时间图就是交易软件上按照1分钟、5分钟、30分钟、日线、周线、月线等时间结构对走势进行分类的方法。

但是级别和时间图是两个概念。在级别的定义中提到过:级别本质上与时间无关,级别也不是什么时间结构。级别只是按照本ID的规则,自生出来的一种分类方法。

而时间图在缠中说禅的53课中说得很清楚,就是显微镜作用,显微镜也有级别,级别的标准是倍数,就是看清事物的程度不一样。所以有时候时间图的级别和中枢级别会相似。走势级别和时间没有直接关系,但有间接关系。为什么有间接关系?因为缠论成立的前提之一就是时间的不可逆转。加上我们观察的是同一对象:走势也就是股票价格在时间上的轨迹。

缠论中说得最多的就是次级别。我们在操作中一定要把握住本级别、次级别和大级别三个级别。

而这三个级别在同一时间图上很容易体现,这样就有了固定操作时间图的方便操作,避免了初学者不停地转换各时间图,从而造成操作上的混乱,失去节奏。

但是不同的市场情况会有变化。级别只是作为快速看走势的方法之一。最主要的还是要固定时间图操作,培养自己的习惯、盘感。

同时,在实际的股市操作中,要分清楚不同种类的级别。级别的分类对于实际操作也有非常重要的作用,对于走势类型为上涨的股市行情,就是看多、做多;对于走势类型为下跌的股市行情,就是看空、做空;对于走势类型为盘整的股市行情,就是非多、非空,或者高抛低吸,甚至不做任何操作。

9.2 一类级别

所谓的一类级别,即缠论K线分析技术中的周线,在级别一上做波段操作。

周线作为级别一能够反映股市中最稳定的趋势,在任何股票市场中,任何市场操纵都无法改变这个级别的趋势;同时,顺应这个级别操作,是获取最大利润的基础。

下面以具体的股市图进行分析。

如图9-8所示,周K线图是以A处的上涨趋势为例,如级别一的走势类型是上涨,持股者可做多头买入,在波段或者趋势结束时平头多仓位。在不逆级别一的走势类型时开仓。

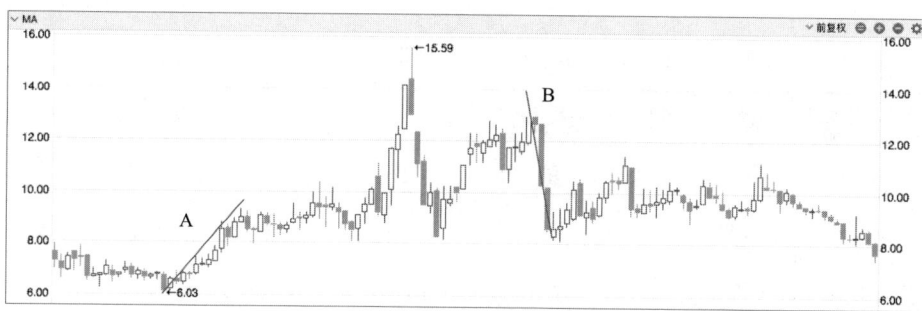

图9-8　周K线图1

我们以图9-8中B处的下跌为例。此时持有者可开空单,在波段或者趋势结束的时候平空单,同时在级别一下跌走势结束之前不开多单,以免在经济上受到损失。

如图9-9所示,周K线图为级别中的一类级别。遇到图中的方框内的盘整,此时,操作者应该在此走势类型区间的上方做空,回落时平空转多,增加收益。

图9-9　周K线图2

与此同时，不难看出操作者应该在此走势类型区间的下方买入，高位时平多做空，直到走势结束。

不仅仅是周K线图中的盘整式的走势类型，周K线图中的中枢震荡时，操作者同样也应该按照此方法进行操作，获取收益。

9.3 二类级别

所谓的二类级别，即缠论K线分析技术中的日K线，在级别二上做趋势。

缠论中也说日K线级别的买卖量要更多。

级别的意义其实只有一个，基本只和买卖量有关。日线级别的买卖量当然比一分钟级别的要多很多。一般来说，1分钟、5分钟、30分钟三个级别的K线分解，就足以应付所有的走势。当然，对于大一点的资金，可以考虑加上日级别的。

在级别二上做趋势，也就是在日K线上做趋势，有以下几大特点。

1. 日线级别构成周线级别，便于分析

（1）因为周K线级别的中枢是由三个次级别走势类型重叠形成的，所以是由日线级别走势类型重叠形成。

（2）周K线级别某走势类型有一个周K线中枢，该走势类型为盘整。同时周K线级别某走势类型包含两个以上的中枢，该走势为趋势。

由上述两点可知，想要分析周K线级别中的走势类型，就必须先要分析日K线级别。

股市中大级别走势类型的改变，往往由次级别走势类型的突破产生，所以用日K线作为二类级别是非常重要的。

2. 日K线级别的趋势，更容易被大众持股者运用

（1）相较于小时K线或者是分钟K线，日K线不会出现像小时K线或者是分钟

K线的频繁波动，多数时候持股者可以耐心观察走势变化，等待最佳时机。

（2）普通投资者的反应速度，对理论的掌握程度往往有限。因为短期操作出错的概率要比长期操作出错的概率要大，为了避免因出错造成的损失，普通持股者可选日K线作为观察单位。

由上述两点可知，用日K线级别交易，交易者可深思熟虑，进而制定最合适的操作策略。

9.4　三类级别

知道了一类级别是周K线，二类级别是日K线，那么三类级别则为日K线级别以下的某个级别，如60分钟K线、30分钟K线、15分钟K线等。

三类级别的规律性如下：

（1）级别三最能够在股市图中显示出其走势的规律性。

（2）当级别二的股市走势越猛烈的时候，越应该观察像三类级别这样的小级别的股市走势。

（3）三类级别对于初学者或者说是普通的持股者，在运用上最为简单、明了。

股票市场是不断变化的，运用三类级别寻找其规律，是一个适用于很多投资者的普遍方法。

9.5　级别操作注意事项

如何选择操作级别是本章的关键所在。就如同学开车一样，学习理论知识固然重要，但是实际上路驾驶才是更为重要的。

9.5.1　如何选择级别

缠论中也说明选对级别对分析股市是非常重要的。

博主曾经提出过建议，走势是客观的，而用什么级别去分析这个走势却是主观的。根据各种情况，操盘者就可以相应地定好自己的操作级别，这样就可以按照相应的级别进行分析、操作。也就是说，一旦该级别出现买卖点，就必须进入或退出，在你的操作级别上，你是不参与任何调整或下跌走势类型的。

那么持股者如何选择操作级别？

首先，投资者应该选择和自己知识及技术相符合的操作级别。

若想要分析股市行情的基本面情况，应选择周K线。但是股票市场中的很多投资者都陷入了日K线的级别当中。

再举一只股票作为例子，可以清楚地看到级别选择不同，波动也会不同。

如图9-10和图9-11所示，也就是这只股票的日线图和周线图，从图中可以看出，周K线图所反映的是股市当中较稳定的趋势，浓缩了数个日K线图的走势。持股者在选择操作级别时，若想要分析股市的长期走势，就不要拘泥于一天、两天的走势变动，可以选择周K线图。同时，顺应周K线图这个级别是获取大利润的基础。

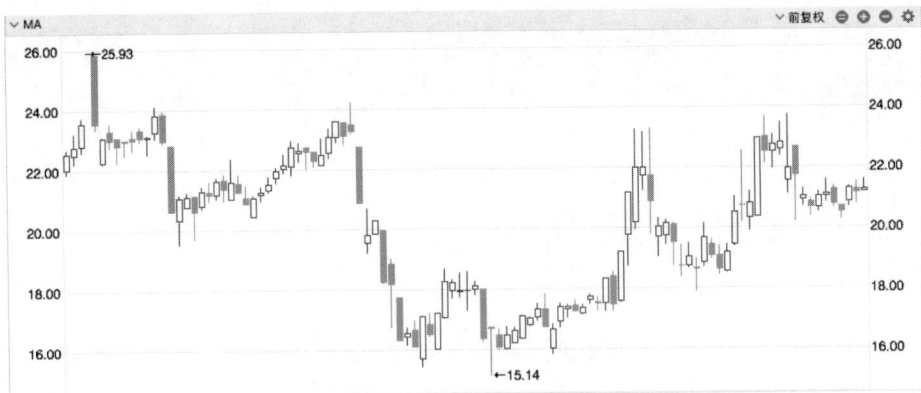

图9-10　某股票日K线图

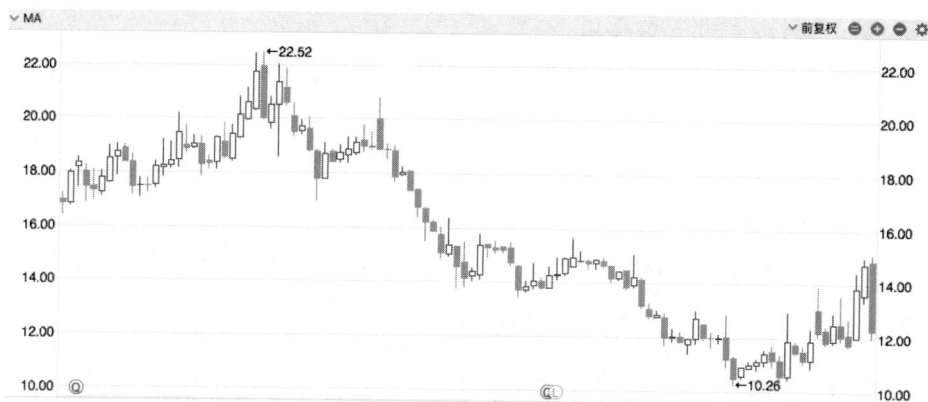

图9-11　某股票周K线图

从图9-10和图9-11可以看出，日K线图的波动比较大，图9-10的走势没有图9-11的稳定，大多数陷入日K线图中的持股者，或天天满仓，或日日换股，操作数量增加，精力牵扯就多，心思不定，收入反而不理想。

其次，要根据股票各级别走势类型确定操作周期。

在股市交易中，如果大级别的走势好，就要进行大级别操作；但是当大级别走势不好的时候，只是在小级别出现了明确的趋势，投资者如果依然进行大级别操作，那一定会被套牢。

趋势型和震荡型投资者在操作上有比较大的差异，对于那些趋势型的投资者来说，只参与该级别的趋势，从而回避该级别的盘整和反趋势，直到该级别的趋势结束；对于那些震荡型的投资者来说，围绕该级别的盘整区间做低买高卖的行为，直到该盘整格局被破坏掉。

最后，要根据走势的变化而变化。

为什么这么说？因为一旦投资者选定了操作级别，但是在某操作级别的走势类型中出现该级别类型的延伸或结束，就出现了引发更大级别的走势类型质变的情况。

此时投资者应该把握好机会，因为这个时候一旦大级别的趋势变得有利，即可更换级别，以谋取更多的赢利。

9.5.2 操作级别注意事项

选择了适合自己的操作级别之后, 在进行实际操作时, 按照缠论中的内容, 应注意以下几点:

1. 用操作降低成本

制定了相应级别, 是否按照次级别以下进行部分操作, 那是操作风格问题, 而实际上是应该安排这种操作的。特别是当进入一个你的操作级别的次级别盘整或下跌时, 这是你可以忍受的最大级别非上涨走势, 当然要操作一下来降低自己的成本。

2. 级别与买卖点

如果资金量不是特别巨大, 就要熟练掌握缠中说禅短差程序: 大级别买点介入的, 在次级别第一类卖点出现时, 可以先减仓, 其后在次级别第一类买点出现时回补。

选择级别从而抓住买卖点, 在适当的时机买进或卖出来赚取利润是炒股者的初衷。

3. 遵守级别的分解与波动

在这种同级别分解的多重复操作中, 可以在任何级别上进行操作, 而且都遵守该级别的分解节奏与波动, 只是在不同级别中投入的筹码与资金不同而已。

遵守级别的分解节奏与波动, 是级别操作的一个特点。

第10章

缠论操盘术

中阴阶段对操作节奏影响很大，是维持操作节奏的重要阶段，如果想操作节奏不乱，就要掌握中阴阶段的操作方法。

如果说前一个走势类型的背驰或者盘整背驰宣告了前一个走势类型的终结，那么到新的走势类型确立，会有一个模糊的如同中阴般的阶段。无论任何级别，在一个顶点出来后都有对应级别长度的中阴阶段。

要把握这个阶段的走势，必须与前一阶段走势的部分走势结合起来分析。也就是说，前一阶段走势的"业力"正在发挥着作用，这个"业力"与市场当下的新合力构成了决定市场方向的最终合力。

10.1　中阴阶段操作

中阴阶段对操作节奏的影响很大，是维持操作节奏的重要阶段，要想操作节奏不紊乱，就要掌握中阴阶段的操作方法，这就是这节重点介绍的内容。

10.1.1　中阴阶段概念

当一种走势类型完成后即将迈入新的走势类型，但常常有段时间，我们无法明确后续会转向何种走势类型，是反转出现新的走势类型还是延续原来的走势类型，这个阶段就是中阴阶段。中阴形态在股价上的表现就是非涨非盘或者是非跌非盘的状态。

中阴阶段能否处理好，关系到操作节奏的连接问题。很多人的操作节奏特乱，就是因为不知道中阴阶段的问题。中阴阶段，虽然表现为中枢震荡，但并不是一般性的中枢震荡。

可以很粗略地说，所有人都知道，市场不是上就是下或者就是盘整，这本质上是废话。但废话的另一面就是公理。这个废话，刚好表现出市场的本质。就如同欧氏平面几何里说两点之间只能有一条直线。这对于常识来说，就是废话。但这废话就是公理，这个公理正好反映了欧氏平面几何的本质特征。同样，市场不是上就是下或者就是盘，这一点，刚好反映了地球上现在所存在的股市的特征。

但更重要的一点是，知道了公理，其实相当于什么都没有知道。这其实也是人思维里的一个大弱点。我们喜欢大而化之地讨论问题，结果最终讨论的都是废话，都是所谓的公理，或者说就是我们的共业所生的东西。

但对于具体操作来说，这些大而化之的东西，没有任何意义。例如，市场上的操作，是一就是一，多一分不行，少一分也不行。所以，这里必须有严密的逻辑思维习惯，而且是精确思维的习惯。

我们从公理出发，并不意味着停留在公理的水平上。否则，欧氏几何就是干瘪瘾的5条公理，那还研究干什么？同样，讨论市场不是上就是下或者就是盘，那样什么都别研究讨论了，抛硬币就可以。

中阴阶段的存在，在于市场发展具体形式在级别上的各种可能性。这些可能性的最终选择，并不是预先被设定好的，而是市场合力的当下结果，这里有着不同的可能性。而这些可能性在操作上并不构成大的影响，因为都可以统一为中阴过程的处理。

1分钟级别走势的后续：这次开始的1分钟级别下跌背驰后就进入中阴时段。根据走势分解的基本定理，就知道其后的行情发展，一定是一个超1分钟级别的走势；但超1分钟级别的走势，存在很多可能。

这些可能一个最基本的原则是，必须先出现一个5分钟中枢，因为无论后面是什么级别的走势，只要是超1分钟级别的，就一定先有一个5分钟中枢，这没有任何特例的可能。而这个百分之百成立的结论，就构成我们操作中最大也是百分之百准确的基本依据。

1分钟级别的走势后，不能说它一定是下是上还是盘，因为都有可能。但一定能说，它最终必须先有一个5分钟中枢，这是百分之百确定的。

有了这个结论，一切关于行情后续演化的争论都没有意义。不管后面是什么，首先把这5分钟中枢给处理好，这才是唯一重要而且有着百分之百操作性与准确性的事情。因此，在实际操作中，脑子里必须有这样一个百分之百准备的判断。而5分钟的中枢震荡如何操作，那是最简单的幼儿园问题，这里不再赘述。

当然，如果是按5分钟以上级别操作的，那么这个5分钟中枢的中阴过程可以说是不存在的，可以不管。

而这5分钟中枢成立后，就必然面临一个破坏的问题，也就是一个延伸或者第三买卖点的问题。

当然，如果这5分钟中枢不断延伸，变成30分钟中枢，那就按30分钟中枢的第三买卖点来处理，以此类推，总要面临某一个级别的第三买卖点去结束这个中枢震荡。

如果以5分钟中枢后就出现第三类买卖点为例，那么这个1分钟的走势就演化为5分钟的走势类型，至于是只有一个中枢的盘整，还是两个中枢的趋势，用背驰的力度判断就可以把握。

例如，现在已经形成的5分钟中枢出现第三类卖点，那么就算"共同富裕"的目标达不到，"全面小康"肯定是没问题了。

通过前面的讲解可以看出，缠论是这样把一个看似复杂，没有方向的中枢问题，以百分之百准确的逻辑连接成一个可以百分之百具有准确操作度的简单操作程序，而这不过是缠论理论的最低级威力而已。

盘整与区间震荡、中枢的关系也比较复杂，需要明确的是，缠论中的盘整和一般所说的区间震荡盘整的概念不是一回事，指数从10000点跌到0也可以是一个盘整，只需中间仅有一个中枢；盘整和中枢也不是一个概念，中枢如果是苹果，那么盘整就是只有一个苹果的苹果树，而趋势就是可以有两个以上直到无穷个苹果的苹果树。

盘整与趋势的关系强弱也很有特点，千万别以为盘整就一定比趋势弱，有些盘整，第一段就杀得天昏地暗，后面一段即使力度没有第一段力度大，两者加起来也可以超越所谓的趋势了。

还是上面的比喻，只有一个苹果的苹果树难道一定比有100个苹果的苹果矮？显然不是的。

宏观上讲，在走势的各个级别当中必然存在"中阴"的现象，有中枢就必然有"中阴"的现象。因此必须注重中阴阶段的操作技巧，而且要将其与盘整区分开来。

10.1.2　中阴阶段操作要点

简单来说，如果在a+b+c中，c与a构成盘整背驰，且c处的高点要大于a处的高点，则表明进入中阴阶段。从形态来说，仔细观察会发现，中阴阶段的外在表现均为不同级别的盘整。

不过其表现形式虽然为盘整，但却与操作节奏的连接密切相关。而且从其表现来看为走势中枢震荡，但又与普通的走势中枢有所不同。当处于中阴阶段时，股价双向波动振幅较大，价格差额也较大，多空齐杀，不断地折腾转换，很容易迷惑操盘者，扰乱操盘者的思路，打乱操盘者的操作节奏。

对于上涨趋势中中阴阶段的操作，如上涨趋势中出现中阴阶段，走势既可能是上涨+盘整+上涨走势，也就是走势类型延续；如上涨趋势中出现中阴阶段，第二根K线出现一个更高的高点，走势可能是上涨+盘整+下跌走势，即出现反转行情。因此，在操作时，可将其视为一个中枢的震荡整理，根据中枢震荡的操作方法去操作即可。如果操盘水平高，还可按照盘整走势进行短线操作。但如果走势不好，则以观望为上，等行情明确后再介入，避免中阴阶段隐藏的风险，确保自己的操作节奏不会被打乱。

在实战中，我们极易困惑中阴阶段与普通中枢震荡的差别，中阴是一类买卖点到三类买卖点之间的中枢震荡。中阴在走势划分上可以划分出一类买卖点，即有a+b+c或者a+A+b背驰出现。有新高背驰的就是中阴阶段，没有的就不是。

如图10-1所示，这是上证指数30分钟K线图，从2915.30开始，出现下跌走势，5段过后的类趋势背驰后，引发反弹，正式进入一个中阴阶段。从图中可以看出，下方形成一个30分钟第一级别中枢，这里可以是中继，然后继续向下，从2692.32开始反弹，但由于后面走势还没有确定，所以技术上无法从这一点开始进行正式分析，也就意味着正式进入了中阴阶段。

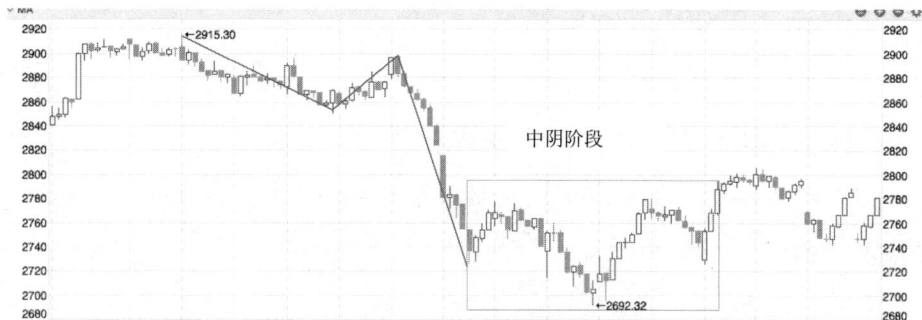

图10-1　中阴阶段图例

但是就实际操作而言，这个中阴阶段并不意味着完全不能操作，只要是按照这个中枢震荡进行操作就可以，直到形成第三类买卖点。至于对日后的盘中而言，如果出现短线反弹，则有必要进行减仓处理。这里其实只有两种选择，一种是突破中枢，然后往下回抽，最终确认突破；另一种是往下，回到中枢，持续中枢震荡。因此，无论市场上出现的是哪种方式，短线反弹都必须要进行减仓。

10.2　中小资金高效买入法

通常而言，股票市场上更多的是散户，其资金多为中小资金，这些资金即使进入股市，也不会带来什么影响，不像大资金那样，甚至有可能影响个股的走势。针对中小资金，博主提供了一种中小资金高效买入法。

市场任何品种、任何周期下的走势图，都可以分解成上涨、下跌、盘整三种基本情况的组合。上涨、下跌构成趋势，如何判断趋势与盘整，是判断走势的核心问题。一个最基本的问题就是，走势是分级别的，在30分钟K线图上的上涨，可能在日线图上只是盘整的一段甚至是下跌中的反弹，所以抛开级别前提而谈论趋势与盘整是毫无意义的，这必须切实把握。注意：下面及前面的讨论，如没有特别声明，都是在同级别的层面上展开的，只有把同级别的事情弄明白了，才可以把不同级别的走势组合在一切研究。

上涨、下跌、盘整三种基本走势，有六种组合，可代表着三类不同的走势。

陷阱式：上涨+下跌；下跌+上涨

反转式：上涨+盘整+下跌；下跌+盘整+上涨

中继式：上涨+盘整+上涨；下跌+盘整+下跌

市场的走势都可以分解为这三种基本走势，然后研究，分析行情，确定后续的操作策略。

陷阱式走势如图10-2所示。

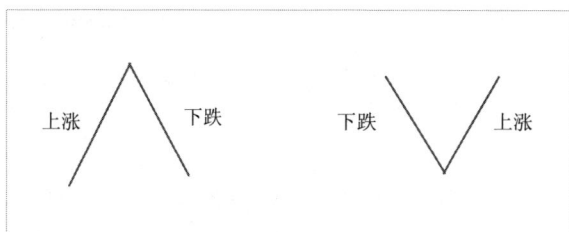

图10-2　陷阱式

反转式走势如图10-3所示。

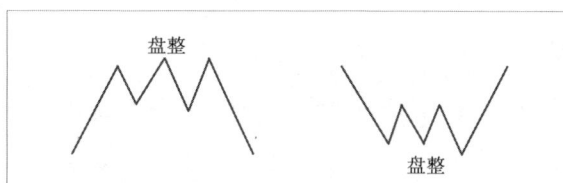

图10-3　反转式

中继式走势如图10-4所示。

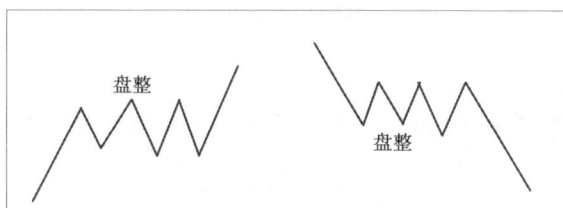

图10-4　中继式

本节将详细阐述这六种基本走势, 为中小资金操作提供依据, 为散户分辨哪些是有买入价值的基本走势, 哪些是无买入价值的基本走势。

10.2.1　有买入价值的基本走势

当股市处于多头行情时, 首先要考虑买点, 在上面所阐述的六种基本走势中有买入价值的为下跌+上涨、下跌+盘整+上涨及上涨+盘整+上涨。

在下跌时买入虽然获利的概率很高，但也要躲避两个风险。

一是该段跌势未尽，也就是下跌时买入，如果时机掌握得不准，则可能出现跌后再跌的情况；二是该段跌势虽尽，但盘整后出现下一轮跌势，也就是前面提到中继式的第二种情况。

对下跌走势用背驰来找第一类买点，就是要避开跌后再跌的风险。而当买入后，面对的是盘整后出现下一轮跌势的风险，如何避开？就是其后一旦出现盘整走势，必须先减仓退出。为什么不全部退出，因为盘整后出现的结果有两种：上涨和下跌，一旦出现下跌就意味着亏损，而且盘整也会耗费时间，对于中小资金来说，完全没有必要。

根据上面的分析，可以设计一种行之有效的买入卖出方法：在第一类买点买入后，一旦出现盘整走势，无论后面如何都马上退出。这种买卖方法的实质，就是在六种最基本的走势中，只参与唯一的一种：下跌+上涨。对于中小资金来说，这是最有效的一种买卖方法。

对于"下跌+上涨"走势来说，连接下跌前面的可能走势只会有两种：上涨和盘整。

如果是"上涨+下跌+上涨"，走势那么意味着这种走势在上一级别的图形中是一个盘整，因此这种走势可以归纳在盘整的操作之中。换言之，对于只操作"下跌+上涨"买卖的，"上涨+下跌+上涨"走势不考虑。也就是说，当你希望用"下跌+上涨"买卖方法介入一只出现第一类买点的股票，如果其前面的走势是"上涨+下跌"，则不考虑。

注意：不考虑不意味着这种情况没有赢利的可能，而只是这种情况可以归到盘整类型的操作中，但"下跌+上涨"买卖方法是拒绝参与盘整的。如此一来，按该种方法，可选择的股票又少了，只剩下这样一种情况，就是"盘整+下跌+上涨"。

　　从上面的分析可以很清楚地看到，对于"下跌+上涨"买卖方法来说，必须是这样一种情况，就是一个前面是"盘整+下跌"型的走势后出现第一类买点。显然，这个下跌是跌破前面盘整的，否则就不会构成"盘整+下跌"型，只会仍是盘整。那么在该盘整前的走势也只有两种：上涨和下跌。对于"上涨+盘整+下跌"的走势，实质上也构成高一级别的盘整，因此对于"下跌+上涨"买卖方法来说也不能参与这种情况，因此也就是只剩下这样一种情况："下跌+盘整+下跌"。

　　综上所述，对于"下跌+上涨"买卖方法来说，对股票的选择就只有一种情况，就是出现第一类买点且之前走势是"下跌+盘整+下跌"类型。

　　因此这里就得用"下跌+上涨"买卖方法选择买入品种的标准程序。首先，只选择出现"下跌+盘整+下跌"走势的；其次，在该走势的第二段下跌出现第一类买点时介入；最后，介入后一旦出现盘整走势，坚决退出。

　　注意：这里退出肯定不会亏钱的，因为可以利用低一级别的第一类卖点退出是肯定要赢利的。但为什么要退出，因为它不符合"下跌+上涨"买卖不参与盘整的标准，盘整的坏处是浪费时间，而且盘整后存在一半的可能是下跌，对于中小资金来说，根本没有必要参与。一定要记住，操作一定要按标准来，这样才是最有效率的。如果买入后不出现盘整，则股票至少会回升到"下跌+盘整+下跌"的盘整区域，如果在日线或周线上出现这种走势，进而发展成为大黑马的可能性是相当大的。

　　在如图10-5所示的日K线图中，股票显示出"下跌+上涨"的走势组合，这种情况被看作是有价值的基本走势。从图中不难发现，理想买入点一定是在最低点处，也就是16.90元的位置。而卖出点的首要选择一定是价格最高的22.74元，但同时我们也要看到，图中A的位置也是不错的卖点。从成交量上也不难看出，图中选中的两个卖点成交量呈脉冲放量状态，股价攀高也就很正常了。

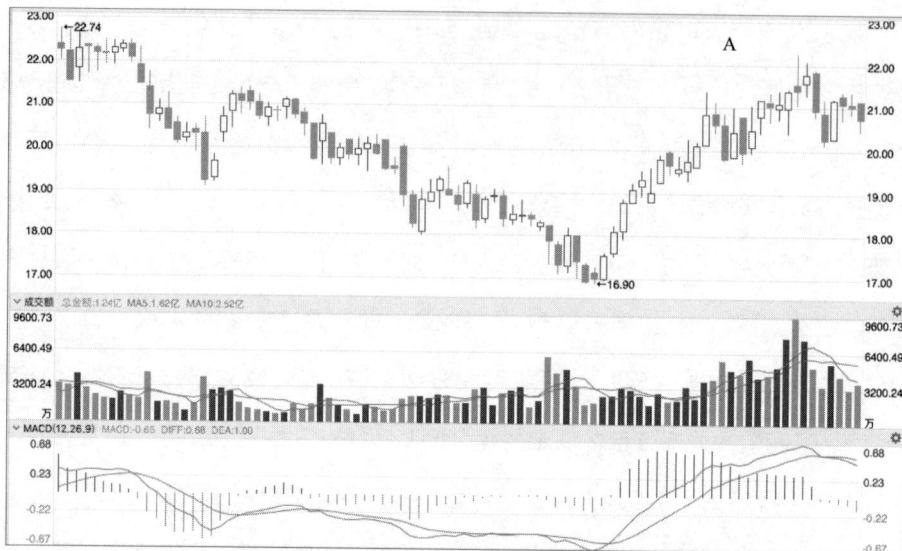

图10-5　日K线图——"下跌+上涨"模式

从如图10-6所示的日K线图中可以看出,该股票走势呈现出"下跌+盘整+上涨"的走势,被称为有买入价值的基本走势。从图中可以看到,最理想的买点出现在盘整走势阶段,最佳买点为6.46元。卖点有两个,最初最高价9.58元无疑是一个卖点,在后续上涨走势中,其高点也是很好的卖点,而且该处成交量脉冲放量,从图中可以看出大阳线脉冲放量是很难持续的,因此,此处是较为理想的卖点。

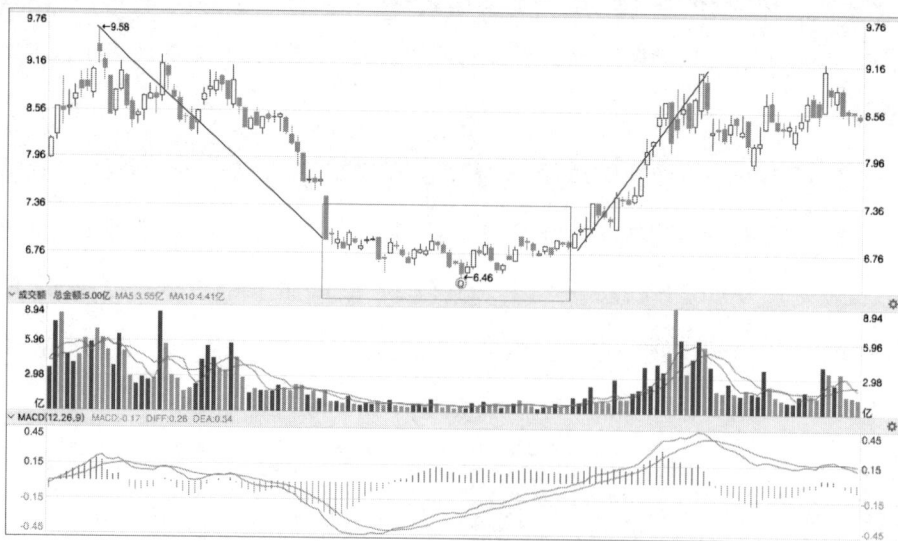

图10-6　日K线图——"下跌+盘整+上涨"模式

如图10-7所示的日K线图中,该股票走势为"上涨+盘整+上涨"走势,也是有买入价值的基本走势。在该段走势中,最理想的卖点无疑是在走势初始阶段的8.52元,最佳卖点出现在走势的尾端,最佳卖出价格为19.21元。中间的盘整状态只是主力洗盘的结果,在洗盘过后仍会延续原有上涨趋势,也就是盘整并不会影响股价整体的运行趋势。

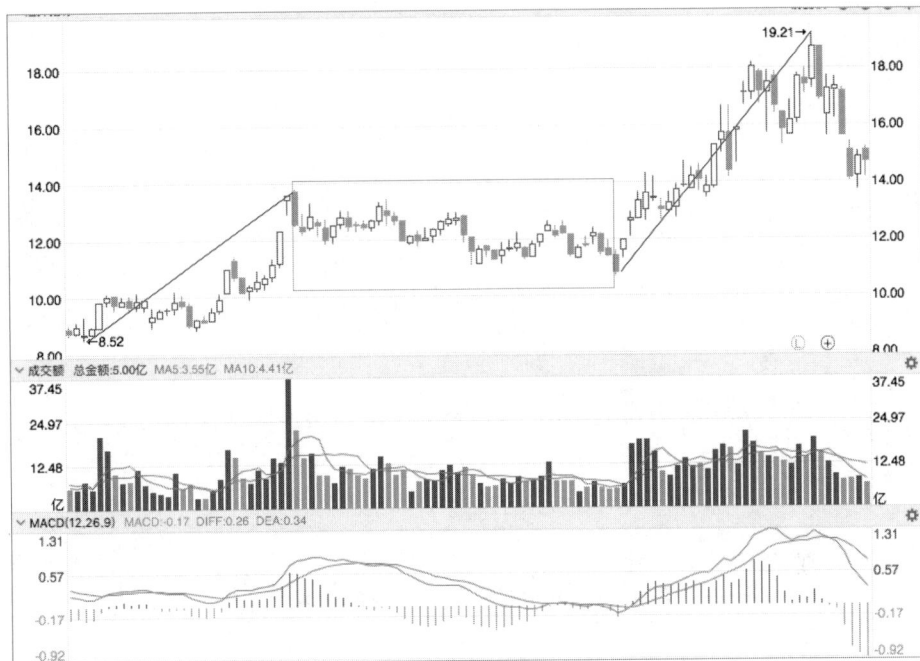

图10-7 日K线图——"上涨+盘整+上涨"模式

10.2.2 无买入价值的基本走势

没有买入价值的是:上涨+下跌;上涨+盘整+下跌;下跌+盘整+下跌。由此不难发现,如果在一个下跌走势中买入,其后只会遇到一种没有买入价值的走势,就是"下跌+盘整+下跌",这比在上涨时买入要少一种情况。

掌握了这三种无买入价值的基本走势,在实战中就可以有效避免,这对我们分析行情、提高赢利空间和赢利水平帮助极大。

从如图10-8所示的日K线图中不难看出，该股票走势为"上涨+下跌"走势，为无买入价值的基本走势。从图中可以看到，比较理想的卖点其实出现在该走势的两端，最佳买点价格为16.67元。而卖点无疑是行情的转折处，也就是26.83元为最理想的卖点。从成交量可以看出，当股价走势从"上涨"陡然转为"下跌"时，成交量也出现了急速萎缩，促使股价不断创出新低。

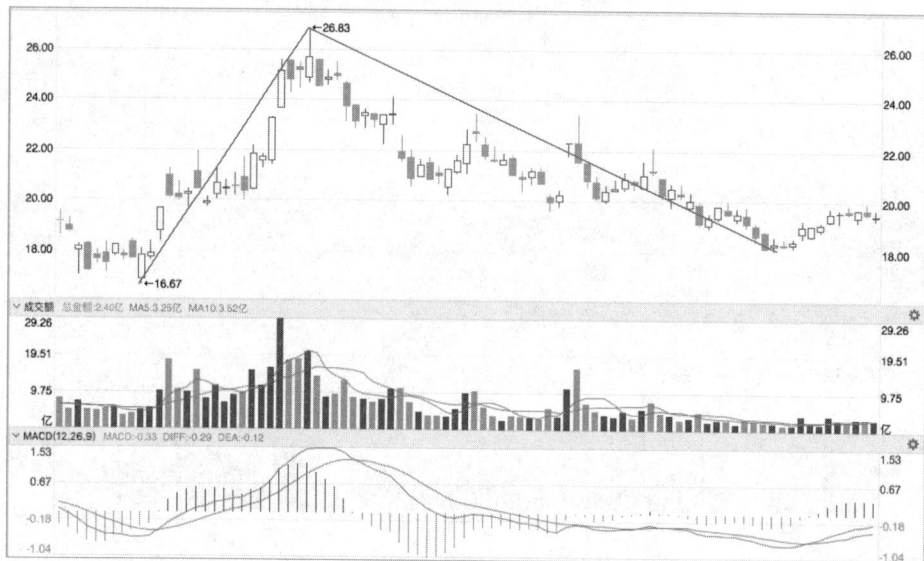

图10-8 日K线图——"上涨+下跌"模式

如图10-9所示的日K线图中，该股票走势为"上涨+盘整+下跌"走势，为无买入价值的基本走势，从图中可以看到，较为理想的买点出现走势的开始与尾端，其中最为理想的买点出现在其开始阶段，价格为14.48元，而较为理想的卖点出现在盘整阶段，该期间股价双向波动的高点为理想的卖点。从交易额也可以看出，盘整后交易额急剧下降，也是不建议买入的关键因素。

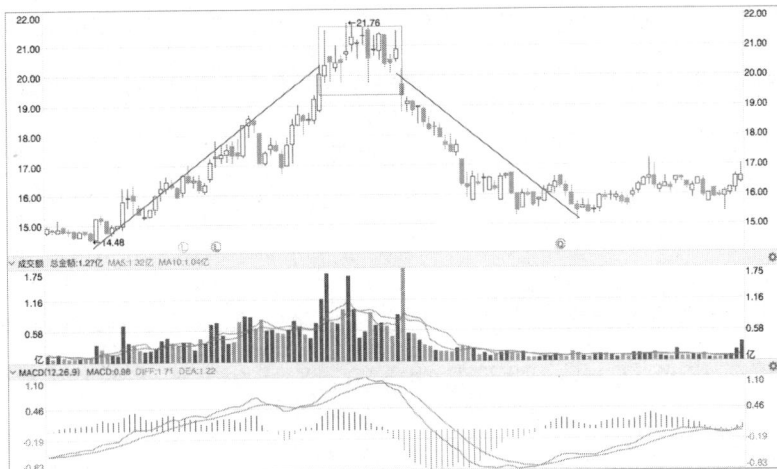

图10-9 日K线图——"上涨+盘整+下跌"模式

如图10-10所示的K线图中,该股票走势就是传说中"下跌+盘整+下跌"走势,为无买入价值的基本走势。从图中可以看到最理想的卖点无疑出现在走势的初始阶段,最佳卖出价格为89.56元。最佳买点出现在走势的尾端,价格为22.40元。中间则为盘整状态,股价双向波动较为频繁,但差额较小,短线操作价值不高,而且从成交量可以看出,盘整阶段成交量较为稳定,其后出现的反弹,也是因为脉冲放量引起的,但量能无法持续,因而股价下跌趋势无法改变。

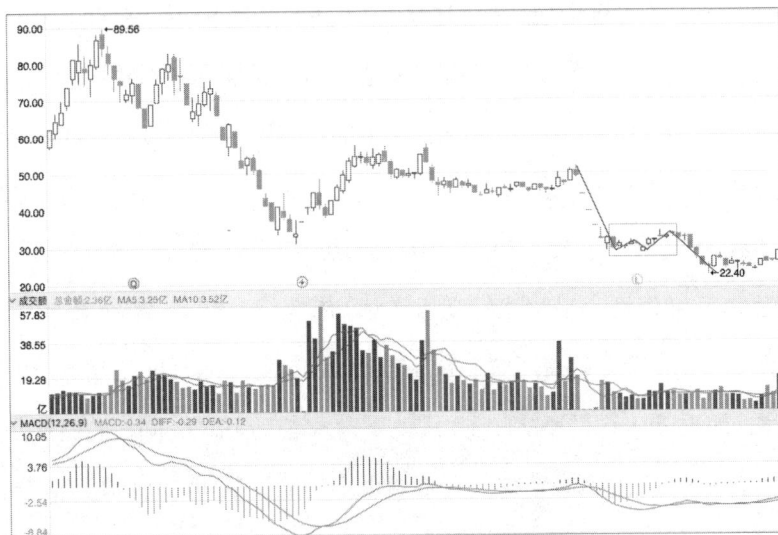

图10-10 日K线图——下跌+盘整+下跌

坦白讲，日K线图上的"下跌+盘整+下跌"（简称"下盘下"）模式并不是常见的，我们可以降低级别，寻找"30分钟"或者"60分钟"K线图上的"下盘下"，但是一定要注意，"下盘下"的级别是很大的，如果5分钟或者1分钟的"下盘下"，成功概率并不高，也不是一定会产生第一类买点，不要盲目效仿，以免造成经济损失。

买点一定是跌出来的。因此，在连续下跌时要注意提高关注度，寻找大级别的"下盘下"模式，买入后持股不动，耐心等待，等到股价回升到盘整中枢内部再行动。

同时，还要记得设立止损点，这个止损点就是第一类买点。换句话说，就是"下盘下"中第二个下跌的最低点。一旦跌破，就必须止损撤出。因为"下盘下"模式的基础就在于这个第一类买点必须作为最低价格，在这种情况下，如果出现新低，则说明操作模式不成立，必须退出。

10.3　轮动操作法

所谓轮动，其实是指板块强弱指标的不断此消彼长，从而反映出市场的轮动。股票强弱指标是指将当前股票的价格在均线系统中进行分类归置，其出现位置就反映出股票的强弱。而板块强弱指标则指该板块中股票的平均强弱指标。

板块的轮动受影响的因素很多，如新的社会现象、主力对市场和政策等预测上涨或下跌、最新的行业发展情况、板块新题材、新的国家政策等。

这里以反弹为例子来阐述轮动操作法。任意一个级别，都有最少的延伸时间。例如，一笔，由于必须有顶与底的分型，因此必须至少延伸6个基本K线单位。也就是说，如果5日K线都不能碰到，那就不会是笔的反弹了，同样的道理，可以给出线段、1分钟、5分钟、30分钟、日、周等级别的最少延伸时间，以及相应最少挑战的均线。

　　由此可见，走势级别与均线虽然没有必然的关系，但还是有一个大致的区间对应的。根据经验，一个趋势中N个中枢对应的压制均线大致都是相同的。例如，第一中枢被89日均线压制了，那后面同趋势中后继的中枢，很有可能就会被同样的均线压制。如果有一个反弹只能达到34日线，那么和前面第一中枢同级别的概率就很小了。

　　除了最简单的笔，任何走势都是大级别套小级别的。因此，单纯一条均线的意义不大，必须是均线系统。

　　注意：均线系统的设置，一定要根据实际的走势来，设置的均线系统一定要和实际已有走势相吻合。

　　用均线系统，可以给出一个完全的分类去判别走势的强弱与先后。当然，单纯看指数还不是该分类最有用的地方，那是单一品种的用法。关键我们还可以对所有股票按此进行分类，由此市场轮动的节奏就一目了然了。

　　分类的原则是本次反弹目前为止未曾攻克的最小周期均线。因此，8条均线就可以分成9类，最差的一类当然就是完全在所有均线下。注意：最厉害的不一定完全在所有均线之上。

　　此外，由于每类股票一旦在N类调整，要到N+1类，至少有很大一段时间折腾，所以这就给了一个轮动的最好选择，一旦一个趋势级别的走势在N类上出现顶背驰，就可以逢高卖出，至少有几天时间可以去找找别的已经调整可以再启动的股票或者补涨的。

　　还有一种就是根据板块来，要判别一个板块的强弱很简单，就是把类别数平均一下，数值越大板块越强，而这个平均类别数可以称作缠中说禅板块强弱指标。

　　最强的板块属于领涨板块，该板块的动态就十分关键了。此外，把所有板块的缠中说禅板块强弱指标列在一个图上，其轮动的次序与节奏就一目了然了，根据这并配合具体股票的走势来分析，轮动操作当然就极为简单了。

10.4 断线反弹与回调

观察价格运行趋势,有时会发现一些走势较为明显,比如单边回落或者是单边下跌走势。

小级别中的价格运行趋势操作规则是这样的,如果采用小级别操作观察,这些价格运行趋势仍有较高的操作价值,也就是差额利润很高。而小级别中股价的反弹或者回调就是我们要寻找的理想买卖点。通常来说,短线反弹与回调,即使抓住买卖点,如果持有股票份额较少,那么所获得的利润也是极少的。

在短线操作中,尤其是采用T+0交易法,更要明确反弹或者回调行情的有效性,才不至于出现买在高位的现象,在判断上可借助技术指标的帮助,如MACD、RSI、ROC等。

反弹与回调中也要注意K线图级别:尽量采用小级别的操作方式,如5分钟K线图、30分钟K线图,不要采用大级别K线图。因为大级别K线图是无法发现短期内的买卖点的,即使反弹或者回调反映在大级别K线图上也是很微弱的,甚至被隐匿在大趋势内,这就得不偿失了。

如果能提前预测短线反弹的有效性,则可在低位买入,反弹至高点时卖出;如果能预测短线回调的有效性,则可在高位时卖出,回落至低点时买入。善用短线反弹与回调,也可在短线行情中获得可观的收益。

10.4.1 短线反弹实战

举个例子,一个最实际的问题,如果按照理论,至少有一个30分钟级别的反弹,那么具体的操作应该怎么安排?

对于30分钟级别反弹的操作而言,必须搞清楚反弹可能的具体走势形式,因为同样是30分钟级别,不同形式,对应的操作难度与方式都是不同的。而最大的难点在于,你并不能事先知道反弹究竟用的什么方式,因为这涉及预测,而一切预测都不能纳入操作计划的范围。所以要解决这个难点，必须从绝对性出发，里面不能涉及任何预测。对于一个30分钟的走势类型而言，我们能绝对性指出的无非有一点，就是这个反弹至少有一个30分钟级别的中枢，而有这就足够了，为此就可以构造出一套绝对性的操作方法。某级别的中枢都是由三个以上次级别走势类型重叠构成。也就是说，一个30分钟的中枢，一定涉及"上下上"的三个5分钟走势类型。

以上是构成操作绝对性的最坚实的基础。显然，没有任何绝对性可以保障"上下上"中，最后一个上一定有比第一个上有更高的高点，特别是那种所谓奔走型的反弹，后上的高点可能只刚好触及前上的低点。因此，如果一定要等"上下上"都完成才抛出，那很可能面对这样的尴尬，就是在第一个上的最低点买的，在"上下上"的电梯过后，只有一个可能连手续费都不够、稍纵即逝的卖点。因此，这种操作注定是只有相对的理论上的绝对安全性，而没有具体操作上的绝对安全性。要解决这个问题，只能从第一个上就开始分解操作，也就是说，没必要等待第二个上了，既然每次上之后都必然有一个同级别的下，而这下的幅度又是不可能绝对控制的，所以还不如把操作分段，让分段提供给你绝对的具体操作安全。

因此，在这种分析下，具体的反弹操作一定是同次级别分解方式进行的，也就是说，30分钟级别的反弹，是按5分钟级别的节奏去处理的。

反弹短线具体操作方式1（这只是统一的处理方法）：其实在实际操作中，一旦第一上与下出现后，可能的走势形式就有了很大的绝对性确认了。例如，一个30分钟中枢后接一个第三类买点，然后非背驰力度地强劲拉升，那你完全可以"坐轿子"等第二中枢，甚至第三、四、五中枢完成出现背驰后第三类卖点再高位卖出。

反弹短线具体操作方式2（这绝对性的具体操作还不是平均效率最高的）：最高的就是保持部分仓位，用余下仓位进行换股轮动操作；对于资金少的，可以全部仓位进行，不过这技术要求也更高，就不多说了。

反弹短线具体操作方式3：一定不要去预测什么反弹还是反转，这根本没意义。反弹越搞越大，最后就自然成了反转，而是否如此，根本没必要知道。你唯一需要知道的就是，只要在第一中枢后出现第三类买点并形成非背驰类向上，才可以流着口水地持股睡觉等其余中枢形成，否则随时都有被反弹回来的风险。

有人喜欢精确定义，那么这里其实也给出了什么是上升趋势形成的最精确定义，就是在第一中枢后出现第三类买点并形成非背驰类向上。趋势一旦形成，只要没有扭转的信号，就可以睡觉了，这是太常识性的东西了。

短线反弹实战中，最重要的是要找到合理的操作级别，短线反弹不可能采用大的操作级别，比如日线、周线类的，而尽量采用5分钟线、30分钟线、60分钟线等小级别操作，唯有在小级别中短线操作才有意义，小级别所提供的买卖点才是有效的，而如果在大级别上，则无法进行短线操作。因此这一点要注意，在判断短线反弹时，要结合其他技术指标作为辅助，确保能够准确分析行情。

10.4.2　短线回调实战

与短线反弹一样，短线回落也是短线操作中极具价值的一种操作模式，此时可抓住短线主力操作的死穴，即拉升股价的过程中必须要满足换手率这一要求，由此来捕捉强势个股短线介入的时机。这种方法是极为有效的，是短线操作技巧中最广为使用和普及的技巧，也是短线操盘者理应掌握的技能。

强势缩量回调买入法是适用于短线操作的，是以短期内股价买入与卖出为前提的，此时应选择较为强势的个股为操作目标，如果不小心错过了第一波最佳买入的机会，则可以密切关注该股价的运行趋势，在其后续走势中不可能一直呈上涨走势，总有落差的时候，也就是出现回调的时候，缩量企稳，此时可抓住机会及时介入，用较低的价位吸收更多筹码，以便在后一波行情中获利。

回调场景重现：每次当短线入场时，都会伴随着一个较为显著的上攻过程，且行动速度快，持续时间很短，在极短的时间内，股价被大幅拉升，此时被套盘则有了解套的机会, 趁机高位卖出股票, 交易就会活跃起来, 也就是累计成交量会较大, 而主力的主要仓底则是此阶段的筹码。而且短时间内股价大幅上涨, 涨势惊人, 多数短线操作者会按捺不住, 当涨势中出现第三、第四根大阳线或者中阳线时就被洗盘清理出场, 主力会趁此阶段大肆吸收筹码, 60%~70%的筹码都落入主力手中, 不过此时仍有部分短线操作者不愿意被清理出局, 此时会要求强烈回调, 因而出现短线回调场景。

此时回调的目标通常可从整体上划分为三种:

第一种: 加大清洗获利盘的力度, 避免获利盘筹码过多, 在整体筹码中占比较高, 从而影响到后期的拉升, 毕竟获利盘越多, 则后续拉升越麻烦。

第二种: 制造机会, 让场外观望资金入场, 提高市场的平均水平, 以便能够极大地缓解后市上升压力的作用。

第三种: 充分利用市场行情, 包括利用盘中或者是某个极为有利的市场消息。

短线回调实战中, 跟短线反弹一样, 找到合理的操作级别非常重要, 如果采用大级别则无法发现短期内的股价波动, 因而与真正的买卖点擦肩而过。短线回调, 可以通过成交量状况及技术指标的形态来确认, 各种技术指标都可以作为辅助依据。当然也要明确上涨行情的有效性, 如果上涨能量不足, 则可能会出现趋势转折, 此时就不存在短线回调实战的问题。懂得分析短线行情是极必要的, 尤其是当我们不希望放过短期内的盈利机会时, 希望通过短线(如T+0波段)获利。

10.5　防狼术

在缠论中, 除了形态学、动力学等重要内容外, 也就是除了分型、笔、线段、走势中枢、背驰、级别等重要概念外, 还有很多非常实用的操盘技术。这些技术是从博主多年炒股经验中总结而成的，实战效果甚佳。因此这一章为缠论操盘术补充精讲，重点讲述缠论所提及的其他炒股技术，这些技术与缠论相结合，将能发挥更大的作用。

10.5.1　学好防狼术

学屠龙术前先学好防狼术，现在绝大多数操盘者可是连防狼术都没有过关的。在没有彻底了解下面所说的防狼术之前，还是先别研究什么中枢、级别了。学好了防狼术，至少不会被大盘"教育"。

这里所说的防狼术，其实在上面的课程都有提及，这里再一次进行总结。

1. MACD指标的防狼术

一个最简单MACD指标将0轴分为多空主导。也就是说，一旦MACD指标陷入0轴之下，那么就在对应时间单位的图表下进入空头主导，而这是必须远离的。回避所有MACD黄白线在0轴下面的市场或股票，这就是最基本的防狼术。

2. 制定1分钟和60分钟的时间周期

这里你可以根据自己的能力，决定一个最低的时间周期。60分钟图上的或30分钟图上的，一旦出现自己能力所决定的最低时间周期的MACD黄白线0轴以下的情况，就彻底离开这个市场，直到重新站住0轴再说。

当然，如果技术高点，完全可以在背驰的情况下介入，这是最高的，但这里不能给太高的要求，一切都要"傻瓜化"，如果你连MACD黄白线是否在0轴以下都看不懂，那就彻底离开这个市场吧。

10.5.2　防狼术要点

博主在《教你炒股票108课》中提到了防狼术这一技术战法，这一技法与缠论理论相结合，能更大地发挥缠论的威力。借此，操盘者可避免买在高位或者卖出时机不合适，而且防狼术的操作方法很简单，就是以MACD指标为参考。MACD

指标是技术指标中较为实用的一项指标,在缠论中也多处可见其影子。

防狼术操作方法简单,其要点也很好记,就是以0轴为多空主导线,一旦MACD双曲线(DEA、DIF曲线)出现在0轴下方,则表明空方力量要远远大于多方力量,空头将占据主导地位,遇到这种图形,必须远离,以免被"狼"伤害。

如图10-11所示的日K线图,在股价震荡上涨期间,阳线放量居多,股价由低位很快上涨,以31.82元的价格创下新高,为理想的卖点。随后股价出现技术性调整,但价格整体位于高位。也就是说,该阶段仍有较多的卖出机会,可以密切关注。随后股价迈入单边下跌趋势,不断创下新低,以18.78元的价格创下新低。

从MACD指标来看,双曲线DEA、DIF在0轴上方时,对应的正好是股价震荡上涨;而随后双曲线下跌0轴,对应的是股价单边下跌走势,表明空头力量占据优势,进入空头主导阶段,此时应持币以待,不可盲目介入。

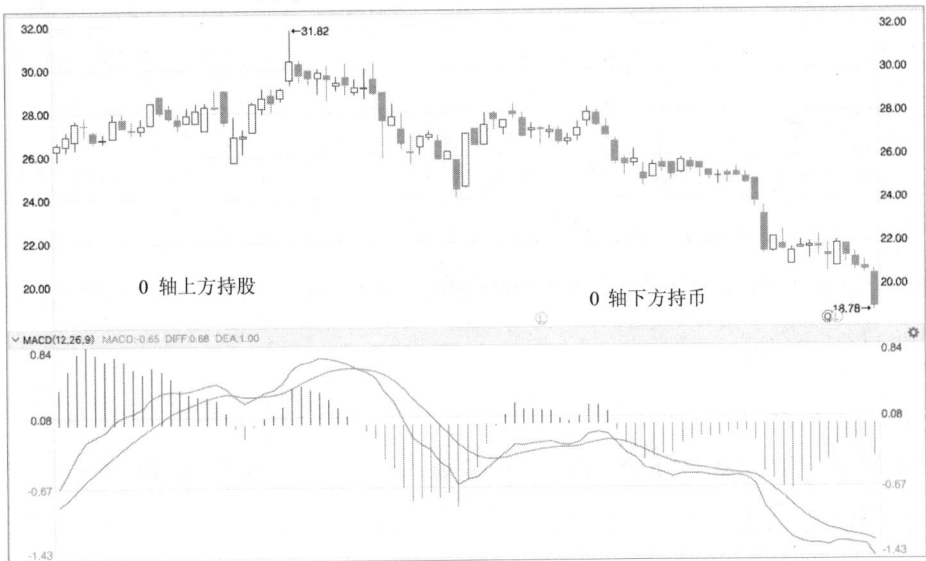

图10-11　日K线图

防狼术的操作要点并不难掌握,重点要懂得分析MACD指标,懂得行情,尤其是0轴作为多空主导的作用。在实战中,一旦发现MACD指标陷入在0轴下方,则表明将开启一波下跌行情,此时空方力量占据主导应远离。因此掌握防狼术的要点就在于熟练使用MACD这一指标。

10.5.3　防狼术实战

防狼术能有效帮助操盘者在操作时不会遭遇大盘的侵犯,尤其是严重侵犯,更不会因大盘大跌而导致损失惨重,而在选股上,防狼术也能为我们提供有价值的信息。从这点上来说,防狼术意义重大,应在掌握的基础上灵活运用。

在实战中,防狼术操作应注意两点:

第一点,当大盘MACD指标显示在0轴下方时,根据防狼术要点,此时应远离,也就是持币以待,待行情明朗时再介入。

第二点,大盘MACD指标不符合防狼术的条件,但个股的MACD指标却符合防狼术,此时也应持币以待,持有股票越少越安全。

当然防狼术的操作效果还会受到级别的影响,5分钟级别下,防狼术的操作效果要微弱很多,而如果级别高一些,比如30分钟级别、60分钟级别等,则操作效果会更佳。

在实战中运用防狼术,重点要观察MACD指标,并观察双曲线与0轴的相对位置,如果在0轴下方,则要警惕;如果在0轴上方,也要密切观察,警惕行情发生转折。当然在判断时还可以借助其他指标辅助,如成交量、RSI、ROC、KDJ等指标配合使用,确认股票行情。

在操作级别上(最好是30分钟以上的级别),如果发现MACD双曲线向上突破0轴,回抽0轴的结束点,通常就是最佳买点,不过该买点的准确性和级别有关,级别越大,则准确度越高。

后记　股市技术、人性，缠而终得禅

股市是复杂的，更是流动的。股市中不断有新人涌入，有老人退出。有"韭菜"，也有赢家，这是必然的市场规律。就像机会，股市从来不缺少机会，股市永远都有机会。

股市里不断有人赔钱，而且赔钱的往往是聪明人，看似不可思议，实则是现实，这是为什么呢？因为聪明人自恃聪明，会做出很多糊涂的举动，而他们却不自知，实际上聪明在股市当中毫无作用。

缠论就像是一门等级森严的武功，需要逐级修炼，可是对于股市真正的操作而言，博主只给了我们前面九级的理论，后面的终极大招，需要我们去实践、去感悟、去结合技术与人性，真正融会贯通，获得最终的收获。

市场像一头大象，靠盲人摸象的方式，只知局部、未知全貌，永远不可能知道大象到底是什么样子。要想在股市当中真正获得一席之地，就必须要有庖丁解牛的全局感。同理，股票市场其实是一个非常宏观的概念，有着众多的交易人群与技术方法。站在缠论的角度，复杂的K线图应该烂熟于心，并成为熟悉的关节，进而进行机械化操作，不被繁复的宏观表面影响。

用一个最简单的分型及能否延伸为笔的最基本标准进行分类，就完全可以处理如此震荡的行情。人总爱复杂的东西，看不起简单的，而这才是真功夫。

缠论带给人的，当然有技术上的操作指南，它以股票交易为基础，用阅读分析K线图的方式带来了非常完整而且有效的操作指南，"买卖点"的确立，更是明确指明方向，让每一个操作都有了可靠的抓手。

缠论带给人的还有人性的升华。其实股市不仅考察技术，更考察人本身。贪婪、怀疑、傲慢、偏见、欲望等都会围绕着我们，占有着我们的时间，消耗着我们的精力，给我们带来了无尽的挣扎与挑战。可是从博主的博客不难看出，"看开、看透"才能获得解脱。这种解脱当然不是肉体的消失，而是心灵的松绑，是真正的自由和畅快。

缠论是关乎人性的理论，唯有在交易中不断实践、修炼，才能战胜人性的弱点，交易最终比的还是对自身弱点克服的深度。操盘者的心境会反映在股市中，唯有诚信对待股市，才能有所感悟。唯有了解市场的运行，才能渐渐化解自身的贪、嗔、痴、疑、慢，而缠论则将交易行为建立在现实的基础之上，而非主观猜测。

博主已经离去十几年了，缠论不但没有因此销声匿迹，反而历久弥新，得到了越来越多的人的关注。

每一次学习缠论，不仅会被精准的理论分析、迭代的技术操作打动，更会被博主本人的睿智折服，他的智慧、博学令人钦佩。

当然，每一种技术方法都会有不同程度上的问题，这个问题可能是操作上的，也可能是技术本身的，但这不能成为我们否定一个技术或方法的理由。虽然最终的实操掌握在自己的手里，可是博主因为无私带来的分享与交流，本质上是带着善意的，吃水不应该忘记挖井人。

这本书到现在算是结束了。但是学习和读书的精神永远都不会结束。不管是股市还是生活，武功秘籍只能教给我们一小部分，真正让我们屹立于天地间的，是自己融会贯通的那一瞬间。

最后我以博主的一段话做结，以此共勉：我们都能成为市场的操作者！

学习理论，一定要彻底穷源，然后在实践中不断升级，功夫是要靠磨炼出来的。用你的第一笔钱，一笔绝对不影响你生活的钱，创造一个操作的故事，这就是市场的操作者。